Monika Dimitrova

BULGARIEN

• KOCHBUCH •

Alle Ratschläge in diesem Buch wurden vom Autor und vom Verlag sorgfältig erwogen und geprüft. Eine Garantie kann dennoch nicht übernommen werden. Eine Haftung des Autors beziehungsweise des Verlags für jegliche Personen-, Sach- und Vermögensschäden ist daher ausgeschlossen.

Email: info@edition-lunerion.de
www.edition-lunerion.de

Psiana eCom UG
Berumer Str. 44
26844 Jemgum

Vorwort

Bulgarischen Joghurt kennen Sie aus dem Supermarkt, aber viel mehr kulinarische Bulgarien-Erfahrung haben Sie nicht? Dann wird's aber Zeit! Denn die bulgarische Küche hält jede Menge geschmackliche Überraschungen bereit und mit diesem Buch entdecken Sie den Genussreichtum des Balkanlandes Schritt für Schritt am heimischen Herd.

Zugegeben, ihr internationaler Ruf hält sich bislang in Grenzen: Die bulgarische Küche zählt nicht unbedingt zu den Alltime-Favoriten wie Italien, Griechenland & Co., dabei muss sie sich in puncto Vielfalt, Geschmack und Tradition keineswegs verstecken. Grund genug, das Land auf die kulinarische Art zu erkunden, und mit den Rezepten in diesem Buch geht das ganz einfach. Von den Kochtechniken antiker Kulturen über römisch-osmanische Einflüsse bis hin zur landschaftlichen Vielfalt mit lokalen Spezialitäten und Zutaten entdecken Sie hier ein reichhaltiges Potpourri aus Jahrtausenden Esskultur und das hat es in sich: Deftige Lamm- und Schweinegerichte, frischer Fisch und Meeresfrüchte, reichlich Kräuter und Gemüse sowie schonend-langsame Garmethoden bieten Veggies, Fleischfans, Fischliebhabern, Suppenkaspern und Snackfreunden gleichermaßen große Auswahl und auch Naschkatzen kommen voll auf ihre Kosten.

Guten Appetit!

INHALT

Die traditionsreiche bulgarische Küche

Die Geschichte der bulgarischen Küche ist eine erzählende Reise durch die Zeit, die die kulinarischen Praktiken von antiken Zivilisationen bis zur modernen Ära nachzeichnet. Seit den Zeiten der Thraker, die das Land urbar machten, über die römischen und osmanischen Einflüsse, die neue Zutaten und Techniken brachten, hat sich die bulgarische Küche ständig weiterentwickelt. Diese historischen Begegnungen haben eine Küche hervorgebracht, die reich an Aromen und Traditionen ist und in der jedes Gericht eine Geschichte erzählt. Die bulgarische Küche bietet nicht nur Einblicke in die Vergangenheit des Landes, sondern feiert auch die Fähigkeit der Bulgaren, externe Einflüsse zu adaptieren und zu eigen zu machen.

Die geografische Lage Bulgariens, von den Ausläufern des Balkangebirges bis zur Küste des Schwarzen Meeres, bringt eine bemerkenswerte Vielfalt in der lokalen Küche mit sich. In den Bergregionen bevorzugt man nahrhafte und kräftige Gerichte, die oft um Lamm oder Schweinefleisch zentriert sind und durch langsame Garmethoden zubereitet werden. Diese Gerichte spiegeln das raue Klima und die landwirtschaftlichen Bedingungen wider. An der Küste hingegen findet man eine Fülle von Gerichten, die auf frischem Fisch und Meeresfrüchten basieren, oft leicht und mit einer reichen Auswahl an frischen Kräutern angereichert. Diese Unterschiede zeigen, wie lokale Ressourcen und Traditionen die Essgewohnheiten in verschiedenen Teilen des Landes prägen und eine reiche Palette an Geschmäckern und Speisen bieten.

SCHLÜSSELZUTATEN DER BULGARISCHEN KÜCHE

- Bulgarischer Joghurt: Dieser Joghurt ist für seine besondere Dicke und sein leicht säuerliches Aroma bekannt. Er wird in zahlreichen Rezepten verwendet, sei es als Beilage, in Salatdressings oder als Grundlage für die kalte Gurkensuppe Tarator.
- Sirene: Ein salziger, weißer und bröckeliger Käse, der dem griechischen Feta ähnelt und in einer Vielzahl von Gerichten, von Salaten bis hin zu herzhaften Gebäcken, Verwendung findet.
- Ljuteniza: Eine schmackhafte Würzpaste, die aus einer Mischung von Paprika, Tomaten und Auberginen besteht und in Bulgarien sehr beliebt ist. Sie wird als Beilage zu Fleischgerichten oder schlicht als Brotaufstrich genossen.
- Chubritsa: Ein typisches Gewürz der bulgarischen Küche, das aus getrocknetem Sommerbohnenkraut hergestellt wird und vielen Gerichten eine charakteristische Note verleiht.
- Gewürzte Paprika: In Bulgarien verwendet man sowohl die süße als auch die scharfe Variante dieses Gewürzes, um Gerichten nicht nur Geschmack, sondern auch Farbe zu verleihen.
- Sonnenblumenöl: Ein in der bulgarischen Küche häufig verwendetes Öl, das vor allem zum Anbraten und Frittieren dient.
- Sharena sol: Eine bunte Gewürzmischung, bestehend aus Salz und einer Auswahl verschiedener Kräuter, die häufig zum Würzen von Fleisch und Gemüse eingesetzt wird.

Frühstück

BANITSA |

BULGARISCHE KÄSE-TEIGROLLE

6 Port.

1 Std.

Mittel

Zutaten

500 g Filoteig
400 g Sirene (Feta-ähnlicher Käse), zerkrümelt
5 große Eier
300 g Joghurt
100 g Butter, geschmolzen

Nährwerte p. P.

450 kcal
35 g Kohlenhydrate
30 g Fett
15 g Eiweiß

1 Heizen Sie Ihren Ofen auf 180 °C Ober- /Unterhitze vor. Fetten Sie eine runde Backform (etwa 30 cm Durchmesser) leicht ein.

2 Vermischen Sie in einer großen Schüssel den zerkrümelten Käse mit den Eiern und dem Joghurt, bis eine gleichmäßige Masse entsteht.

3 Nehmen Sie ein Blatt Filoteig und pinseln Sie es leicht mit der geschmolzenen Butter ein. Legen Sie ein weiteres Blatt darauf und wiederholen Sie den Vorgang, bis Sie etwa fünf Schichten haben. Geben Sie etwas von der Käsemischung auf das Ende des Teiges und rollen Sie es zu einer Zigarrenform auf.

4 Legen Sie die gefüllte Teigrolle spiralförmig in die vorbereitete Backform. Wiederholen Sie diesen Vorgang mit dem restlichen Teig und der Füllung.

5 Gießen Sie, falls vorhanden, übrig gebliebene Butter über die Teigspirale.

6 Backen Sie die Banitsa im vorgeheizten Ofen für etwa 35 Minuten oder bis sie goldbraun und knusprig ist.

7 Lassen Sie die Banitsa vor dem Servieren etwa 10 Minuten abkühlen. Schneiden Sie sie in Stücke und servieren Sie sie warm.

MEKITSI |

BULGARISCHE DONUTS

4 Port.

1,5 Std.

Leicht

Zutaten

500 g Mehl
1 Päckchen Trockenhefe
300 ml Wasser oder Milch, lauwarm
1 TL Salz
2 EL Zucker
Sonnenblumenöl zum Frittieren

Optional:
Puderzucker oder Marmelade

Nährwerte p. P.

310 kcal
45 g Kohlenhydrate
12 g Fett
8 g Eiweiß

1 Vermengen Sie in einer großen Schüssel das Mehl mit der Trockenhefe, dem Zucker und dem Salz. Gießen Sie dann langsam das lauwarme Wasser oder die Milch dazu, während Sie stetig rühren, um Klümpchen zu vermeiden.

2 Kneten Sie den Teig gründlich durch, bis er weich und elastisch ist. Bedecken Sie die Schüssel mit einem sauberen Tuch und lassen Sie den Teig an einem warmen Ort etwa 60 Minuten gehen, bis er sich in seinem Volumen verdoppelt hat.

3 Erhitzen Sie das Sonnenblumenöl in einer tiefen Pfanne oder einem Topf auf mittlere bis hohe Temperatur.

4 Teilen Sie den aufgegangenen Teig in kleine Portionen. Formen Sie aus jeder Portion eine flache Scheibe.

5 Frittieren Sie die Teigscheiben portionsweise im heißen Öl, bis sie von beiden Seiten goldbraun sind. Achten Sie darauf, dass die Donuts nicht verbrennen. Dies dauert jeweils etwa 2 bis 3 Minuten pro Seite.

6 Nehmen Sie die Mekitsi mit einer Schaumkelle aus dem Öl und lassen Sie sie auf Küchenpapier abtropfen, um überschüssiges Fett aufzusaugen.

7 Für das beste Geschmackserlebnis können Sie die Mekitsi mit Puderzucker bestäuben oder mit Marmelade servieren.

POPARA |

BULGARISCHER BROTBREI

4 Port.

15 Min.

Leicht

Zutaten

300 g altes Brot, in Stücke gebrochen
500 ml Milch oder Wasser
50 g Butter
1 TL Zucker oder Salz, je nach Geschmack

Optional:
100 g Feta-Käse, zerkrümelt

Nährwerte p. P.

220 kcal
28 g Kohlenhydrate
9 g Fett
6 g Eiweiß

1 Erwärmen Sie die Milch oder das Wasser in einem mittelgroßen Topf auf mittlerer Stufe. Fügen Sie die Butter hinzu und rühren Sie um, bis sie geschmolzen ist.

2 Geben Sie das Brot in die warme Flüssigkeit. Rühren Sie gründlich um, damit das Brot die Flüssigkeit aufsaugt, und beginnen Sie, es mit einem Kochlöffel leicht zu zerdrücken.

3 Sobald das Brot vollständig eingeweicht und die Mischung homogen geworden ist, schmecken Sie den Brei mit Zucker oder Salz ab.

4 Wenn Sie möchten, streuen Sie zerkrümelten Feta-Käse über den heißen Brotbrei, rühren Sie nochmals um und servieren Sie ihn sofort.

PRINZESSI |

TOAST MIT KÄSE UND WURST

4 Port.

20 Min.

Leicht

Zutaten

8 Scheiben Weißbrot
4 EL Butter
200 g Sirene oder anderer Weißkäse, zerkrümelt
8 Scheiben Schinken oder Salami

Nährwerte p. P.

350 kcal
34 g Kohlenhydrate
18 g Fett
15 g Eiweiß

1 Heizen Sie den Backofen auf 200 °C Ober-/Unterhitze vor.

2 Bestreichen Sie jede Brotscheibe auf einer Seite großzügig mit Butter. Verteilen Sie den zerkrümelten Käse gleichmäßig auf der Hälfte der Brotscheiben, die gebuttert sind.

3 Belegen Sie jede mit Käse bestreute Brotscheibe mit einer Scheibe Schinken oder Salami und bedecken Sie diese mit den verbliebenen Brotscheiben, sodass die Butter nach außen zeigt.

4 Legen Sie die belegten Toasts auf ein Backblech und backen Sie sie im vorgeheizten Ofen für etwa 10 Minuten oder bis der Käse geschmolzen und das Brot goldbraun und knusprig ist.

5 Wenden Sie die Toasts einmal während des Backens, um sicherzustellen, dass sie gleichmäßig gebräunt werden.

TUTMANIK |

KÄSEGEFÜLLTES BROT

6 Port.

2,5 Std.

Mittel

Zutaten

500 g Mehl
20 g frische Hefe
250 ml Joghurt
2 Eier (1 für den Teig, 1 zum Bestreichen)
100 g Butter, geschmolzen
300 g Sirene-Käse, zerkrümelt

Nährwerte p. P.

520 kcal
58 g Kohlenhydrate
28 g Fett
16 g Eiweiß

1 Lösen Sie die frische Hefe in einem kleinen Topf bei niedriger Hitze in 50 ml lauwarmem Wasser auf.

2 Vermengen Sie in einer großen Schüssel das Mehl mit dem aufgelösten Hefe-Wasser, 1 Ei und dem Joghurt. Kneten Sie den Teig, bis er geschmeidig und elastisch ist.

3 Decken Sie den Teig ab und lassen Sie ihn an einem warmen Ort ruhen, bis er sich in seinem Volumen verdoppelt hat, etwa 1 Stunde.

4 Kneten Sie die geschmolzene Butter und den zerkrümelten Sirene-Käse gleichmäßig in den aufgegangenen Teig ein.

5 Formen Sie den Teig zu einer großen Rolle und legen Sie diese spiralig in eine gefettete Backform.

6 Verquirlen Sie das verbliebene Ei und bestreichen Sie damit die Oberfläche des Teiges.

7 Schalten Sie den Ofen auf 180 °C Ober-/Unterhitze und lassen Sie ihn auf die Temperatur kommen.

8 Geben Sie den Tutmanik in den Ofen und backen Sie ihn, bis er goldbraun ist, etwa 40 Minuten.

9 Lassen Sie das Brot nach dem Backen in der Form etwa 15 Minuten abkühlen, bevor Sie es servieren.

KASHKAVAL PANE |

PANIERTE KÄSESCHEIBEN

4 Port.

20 Min.

Leicht

Zutaten

200 g Kashkaval-Käse (bulgarischer Gelbkäse), in 1 cm dicke Scheiben geschnitten
2 Eier, geschlagen
100 g Mehl
100 g Paniermehl
Sonnenblumenöl zum Braten

Nährwerte p. P.

380 kcal
18 g Kohlenhydrate
28 g Fett
18 g Eiweiß

1 Bereiten Sie drei flache Teller vor: einen mit Mehl, einen mit den geschlagenen Eiern und einen mit Paniermehl.

2 Wälzen Sie jede Käsescheibe zuerst im Mehl, tauchen Sie sie anschließend in die geschlagenen Eier und wenden Sie sie zuletzt gründlich im Paniermehl, um sie gleichmäßig zu panieren.

3 Erhitzen Sie eine ausreichende Menge Sonnenblumenöl in einer Pfanne über mittlerer Hitze. Das Öl ist heiß genug, wenn ein eingetauchtes Stück Brot innerhalb von Sekunden zu brutzeln beginnt.

4 Legen Sie die panierten Käsescheiben vorsichtig in das heiße Öl und braten Sie sie von jeder Seite etwa 2 bis 3 Minuten, bis sie goldbraun und knusprig sind.

5 Nehmen Sie die Käsescheiben mit einer Zange aus der Pfanne und lassen Sie sie auf Küchenpapier abtropfen, um überschüssiges Fett zu entfernen.

GOFRETI |

BULGARISCHE WAFFELN

4 Port.

25 Min.

Leicht

Zutaten

250 g Mehl
500 ml Milch
2 Eier
50 g Zucker
1 TL Backpulver
50 g Butter, geschmolzen

Nährwerte p. P.

290 kcal
37 g Kohlenhydrate
13 g Fett
7 g Eiweiß

1 Mischen Sie in einer großen Schüssel das Mehl mit dem Backpulver und dem Zucker.

2 Schlagen Sie die Eier leicht auf und kombinieren Sie sie mit der Milch und der geschmolzenen Butter.

3 Gießen Sie die flüssige Mischung langsam in die trockenen Zutaten, während Sie stetig rühren, um Klumpen zu vermeiden und eine glatte Waffelteigmasse zu erhalten.

4 Erhitzen Sie Ihr Waffeleisen gemäß der Herstelleranleitung.

5 Geben Sie, sobald das Waffeleisen heiß ist, je nach Größe des Eisens eine passende Menge Teig in das Eisen. Schließen Sie das Eisen und backen Sie die Waffeln, bis sie goldbraun und knusprig sind, was normalerweise etwa 5 Minuten dauert.

6 Öffnen Sie das Waffeleisen vorsichtig und heben Sie die fertige Waffel heraus. Wiederholen Sie den Vorgang mit dem restlichen Teig.

7 Servieren Sie die Gofreti warm mit Ihren Lieblingsbeilagen wie frischen Früchten, Sirup, Honig oder Schlagsahne für ein köstliches Frühstück oder einen süßen Snack.

BULGUR S MLYAKO |

BULGUR MIT MILCH

4 Port.

20 Min.

Leicht

Zutaten

200 g Bulgur-Weizen
800 ml Milch
3 EL Zucker
1 TL Vanilleextrakt

Optional:
1 Prise Zimt

Nährwerte p. P.

210 kcal
40 g Kohlenhydrate
2 g Fett
6 g Eiweiß

1 Gießen Sie die Milch in einen mittelgroßen Topf und bringen Sie sie bei mittlerer Hitze zum Kochen.

2 Streuen Sie den Bulgur-Weizen ein, während Sie kontinuierlich rühren, um ein Verklumpen zu vermeiden.

3 Reduzieren Sie die Hitze und lassen Sie den Bulgur unter gelegentlichem Rühren etwa 10 Minuten köcheln, bis er weich ist und die Milch größtenteils aufgesogen hat.

4 Rühren Sie den Zucker und den Vanilleextrakt ein. Fügen Sie bei Bedarf 1 Prise Zimt hinzu, um eine leicht würzige Note zu erzielen.

5 Kochen Sie die Mischung weiter, bis der Bulgur cremig und die Milch vollständig eingezogen ist. Dies dauert normalerweise noch einige Minuten.

6 Optional können Sie beim Servieren noch etwas zusätzlichen Zimt über den Bulgur streuen.

Salate

SHOPSKA SALATA |

SHOPSKA-SALAT

4 Port.

15 Min.

Leicht

Zutaten

4 große Tomaten, gewürfelt
2 Gurken, gewürfelt
1 große Zwiebel, fein gehackt
200 g Sirene-Käse, zerkrümelt
Ein paar Zweige Petersilie, fein gehackt
3 EL Sonnenblumenöl

1 Waschen Sie die Tomaten und Gurken gründlich und schneiden Sie sie in Würfel. Hacken Sie die Zwiebel und die Petersilie fein.

2 Kombinieren Sie die vorbereiteten Tomaten, Gurken und Zwiebeln in einer großen Schüssel.

3 Streuen Sie den zerkrümelten Sirene-Käse und die gehackte Petersilie darüber.

4 Gießen Sie das Sonnenblumenöl über den Salat und mischen Sie alles gut durch, um die Aromen zu verbinden.

Nährwerte p. P.

180 kcal
9 g Kohlenhydrate
12 g Fett
7 g Eiweiß

OVCHARSKA SALATA |

SCHÄFERSALAT

4 Port.

20 Min.

Leicht

Zutaten

3 mittelgroße Tomaten, in Würfel geschnitten
2 Gurken, gewürfelt
2 gegrillte Paprika, in Streifen geschnitten
150 g Schafskäse, gewürfelt
2 hart gekochte Eier, geviertelt
200 g Schinken oder gegrilltes Hähnchen, in Streifen geschnitten
100 g frische Pilze, gesäubert und in Scheiben geschnitten

Nährwerte p. P.

240 kcal
10 g Kohlenhydrate
15 g Fett
18 g Eiweiß

1 Würfeln Sie die Tomaten und Gurken. Zerteilen Sie die gegrillten Paprika in Streifen. Bereiten Sie den Schafskäse vor, indem Sie ihn ebenfalls in Würfel schneiden.

2 Zerlegen Sie den Schinken oder das gegrillte Hähnchen in schmale Streifen. Die Pilze sorgfältig putzen und in feine Scheiben teilen.

3 Geben Sie alle vorbereiteten Zutaten in eine große Salatschüssel. Arrangieren Sie die geviertelten Eier oben auf dem Salat.

4 Vermengen Sie die Zutaten sanft, um die Aromen zu verbinden.

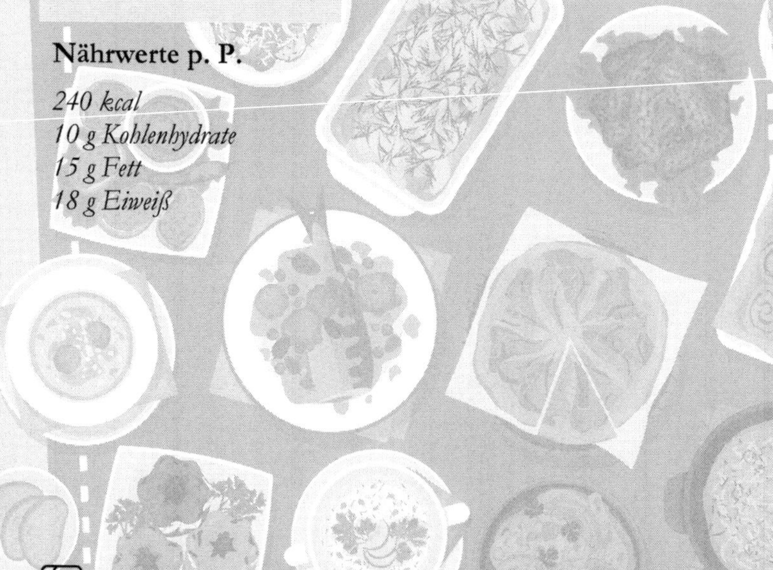

SNEZHANKA |

SCHNEEWITTCHENSALAT

4 Port.

15 Min.

Leicht

Zutaten

500 g dicker bulgarischer Joghurt
2 große Gurken, gerieben
2 Knoblauchzehen, fein gehackt
2 EL Dill, frisch gehackt
50 g Walnüsse, grob gehackt

Nährwerte p. P.

190 kcal
8 g Kohlenhydrate
15 g Fett
5 g Eiweiß

1 Beginnen Sie, indem Sie die Gurken waschen. Schneiden Sie die Enden ab und reiben Sie die Gurken mit einer Küchenreibe grob. Legen Sie die geraspelten Gurken in ein Sieb und drücken Sie mit den Händen oder einem Löffel den Überschuss an Wasser aus. Dies ist wichtig, um zu verhindern, dass der Salat zu wässrig wird.

2 In einer großen Schüssel kombinieren Sie den dicken bulgarischen Joghurt mit den ausgedrückten Gurken.

3 Fügen Sie den fein gehackten Knoblauch und den frisch gehackten Dill hinzu. Mischen Sie diese gründlich unter die Joghurt-Gurken-Mischung.

4 Streuen Sie die grob gehackten Walnüsse hinzu und rühren Sie nochmals gut um, damit sich alle Aromen verbinden und die Walnüsse dem Salat eine angenehme Textur verleihen.

RUSSKA SALATA |
RUSSISCHER SALAT

4 Port.

30 Min.

Leicht

Zutaten

3 mittelgroße Kartoffeln, gekocht und gewürfelt
2 Möhren, gekocht und gewürfelt
150 g Erbsen, gekocht
4 Gewürzgurken, gewürfelt
200 g Mayonnaise
3 hart gekochte Eier, grob gehackt

Nährwerte p. P.

320 kcal
20 g Kohlenhydrate
24 g Fett
7 g Eiweiß

1 Kochen Sie die Kartoffeln und Möhren, bis sie weich sind, und lassen Sie sie abkühlen, bevor Sie sie in Würfel schneiden.

2 Bereiten Sie die Erbsen vor, indem Sie sie ebenfalls kochen, falls sie noch nicht vorgegart sind, und lassen Sie sie abkühlen.

3 Würfeln Sie die Gewürzgurken in kleine Stücke.

4 Vermischen Sie in einer ausreichend großen Schüssel die gewürfelten Kartoffeln, Möhren, Gewürzgurken, die gekochten Erbsen und die gehackten Eier.

5 Geben Sie die Mayonnaise hinzu und mischen Sie alle Zutaten sorgfältig, bis der Salat gleichmäßig cremig ist.

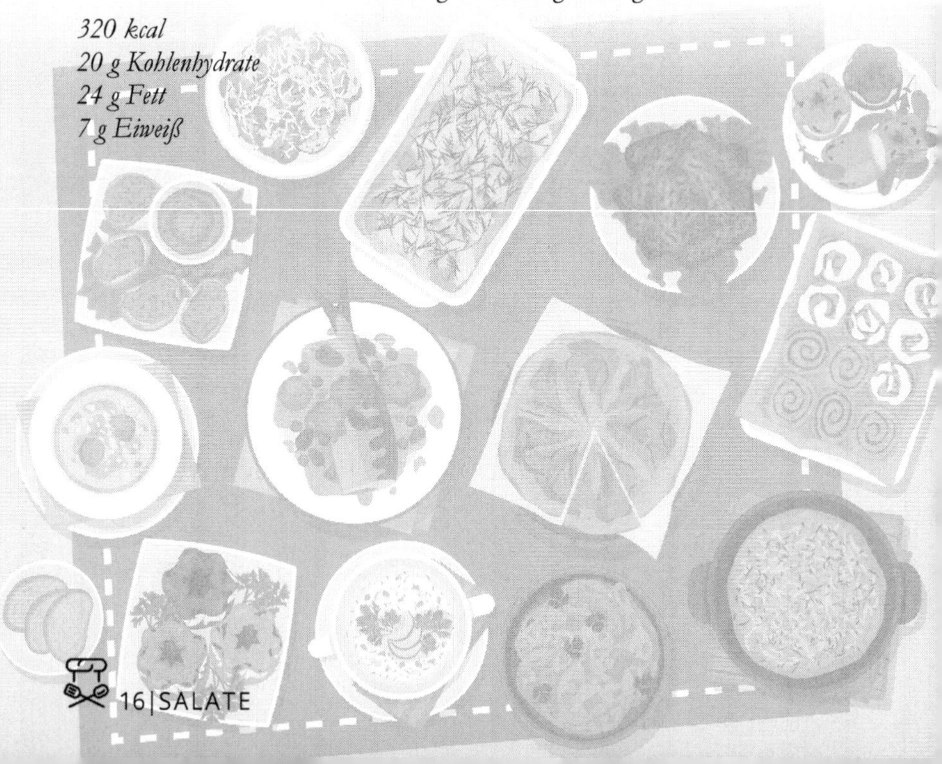

BOBENA SALATA |

BOHNENSALAT

4 Port.

10 Min.

Leicht

Zutaten

400 g weiße Bohnen, über Nacht eingeweicht und gekocht, bis sie weich sind
1 große Zwiebel, fein gewürfelt
1 rote Paprika, in feine Streifen geschnitten
Ein paar Zweige Petersilie, fein gehackt
2 EL Essig
3 EL Olivenöl
Salz und Pfeffer nach Geschmack

Nährwerte p. P.

180 kcal
27 g Kohlenhydrate
4 g Fett
9 g Eiweiß

1 Weichen Sie die weißen Bohnen über Nacht ein und kochen Sie sie am nächsten Tag, bis sie weich sind. Lassen Sie die Bohnen abkühlen.

2 Schneiden Sie Zwiebel und Paprika in feine Stücke und hacken Sie die Petersilie.

3 In einer großen Schüssel vermengen Sie die gekochten Bohnen mit Zwiebel, Paprika und Petersilie.

4 Verquirlen Sie Essig und Öl in einer kleinen Schale und würzen Sie die Mischung mit Salz und Pfeffer.

5 Geben Sie das Dressing über den Salat und rühren Sie gründlich um, um die Aromen gut zu vermischen.

POD SHUBOY |

SALAT „UNTER DEM PELZMANTEL“

4 Port.

40 Min.

Mittel

Zutaten

2 mittelgroße Rote Bete, gekocht und in Würfel geschnitten
2 Karotten, gekocht und in Würfel geschnitten
2 Kartoffeln, gekocht und in Würfel geschnitten
200 g Sauerkraut, gut abgetropft
150 g Mayonnaise
1 mittelgroße Zwiebel, fein gehackt

Nährwerte p. P.

310 kcal
35 g Kohlenhydrate
18 g Fett
5 g Eiweiß

1 Kochen Sie die Rote Bete, Karotten und Kartoffeln, bis sie weich sind, lassen Sie sie abkühlen und schneiden Sie sie in Würfel. Hacken Sie die Zwiebel fein.

2 In einer großen Servierschüssel schichten Sie die Zutaten in folgender Reihenfolge: Beginnen Sie mit einer Schicht Sauerkraut, gefolgt von einer Schicht Kartoffeln, Karotten und Rote Bete. Zwischen den Schichten jeweils eine dünne Lage Mayonnaise auftragen.

3 Streuen Sie die gehackten Zwiebeln über die Rote Bete und bedecken Sie die oberste Schicht vollständig mit Mayonnaise, sodass die Zutaten nicht mehr sichtbar sind.

4 Lassen Sie den Salat vor dem Servieren mindestens 1 Stunde im Kühlschrank ziehen, damit die Aromen sich vollständig entfalten können.

Suppen

TARATOR |

BULGARISCHE KALTE GURKENSUPPE

4 Port.

15 Min.

Leicht

Zutaten

500 g Joghurt, natur
2 große Gurken, fein gewürfelt oder geraspelt
2 Knoblauchzehen, fein gehackt
2 EL Dill, frisch gehackt
50 g Walnüsse, grob gehackt
200 ml Wasser, kalt
2 EL Olivenöl
Salz nach Geschmack

Nährwerte p. P.

120 kcal
9 g Kohlenhydrate
8 g Fett
4 g Eiweiß

1 Rühren Sie den Joghurt in einer großen Schüssel glatt.

2 Integrieren Sie die fein gewürfelten oder geraspelten Gurken und den gehackten Knoblauch in den Joghurt.

3 Fügen Sie das kalte Wasser hinzu und mischen Sie alles gründlich, um eine gleichmäßige Konsistenz zu erreichen.

4 Geben Sie den frisch gehackten Dill, die grob gehackten Walnüsse und das Olivenöl in die Suppe und rühren Sie erneut gründlich um.

5 Schmecken Sie die Suppe mit Salz ab und stellen Sie sie vor dem Servieren für mindestens 1 Stunde kalt, damit sich die Aromen voll entfalten können.

BOB CHORBA |

BOHNENSUPPE

4 Port.

1,5 Std.

Mittel

Zutaten

250 g weiße Bohnen, über Nacht eingeweicht
1 große Zwiebel, gewürfelt
2 Karotten, gewürfelt
1 rote Paprika, gewürfelt
2 Tomaten, gehäutet und gewürfelt
100 g Speck oder Wurst, in kleine Stücke geschnitten
1 TL Paprikapulver
Einige Minzblätter, fein gehackt
Salz und Pfeffer nach Geschmack
2 EL Pflanzenöl

Nährwerte p. P.

350 kcal
45 g Kohlenhydrate
10 g Fett
20 g Eiweiß

1 Kochen Sie die eingeweichten weißen Bohnen in frischem Wasser, bis sie fast weich sind, was etwa 1 Stunde dauern kann.

2 Erhitzen Sie das Öl in einem großen Topf und braten Sie den Speck oder die Wurststücke an, bis sie knusprig sind.

3 Fügen Sie die Zwiebelwürfel hinzu und sautieren Sie sie, bis sie glasig sind.

4 Geben Sie die Karotten- und Paprikawürfel hinzu und braten Sie diese einige Minuten mit, bis sie leicht weich werden.

5 Streuen Sie das Paprikapulver über das Gemüse und rühren Sie gut um, damit die Aromen freigesetzt werden.

6 Fügen Sie die Tomatenwürfel und die fast weichen Bohnen zusammen mit dem Kochwasser hinzu.

7 Lassen Sie die Suppe auf niedriger Hitze köcheln, bis alle Zutaten vollständig weich sind.

8 Schmecken Sie die Suppe mit Salz, Pfeffer und der gehackten Minze ab.

SHKEMBE CHORBA |

KUTTELSUPPE

4 Port.

2 Std.

Mittel

Zutaten

500 g Rinderkutteln, gründlich gereinigt und in Streifen geschnitten
50 g Butter
4 Knoblauchzehen, fein gehackt
2 EL Weißweinessig
1 TL scharfes Paprikapulver
2 EL Mehl
Salz und Pfeffer nach Geschmack
1 Liter Wasser

Nährwerte p. P.

290 kcal
8 g Kohlenhydrate
20 g Fett
18 g Eiweiß

1 Reinigen Sie die Rinderkutteln sorgfältig und schneiden Sie sie in mundgerechte Streifen.

2 Kochen Sie die Kuttelstreifen in einem großen Topf mit Wasser für etwa 1,5 Stunden oder bis sie weich sind.

3 Schmelzen Sie in einem anderen Topf die Butter und fügen Sie das Mehl hinzu, um eine Mehlschwitze zu bilden. Rühren Sie kontinuierlich, bis die Mischung goldbraun ist.

4 Integrieren Sie die gehackten Knoblauchzehen und braten Sie sie kurz an, bis sie aromatisch sind.

5 Gießen Sie den Weißweinessig dazu und fügen Sie das scharfe Paprikapulver hinzu. Rühren Sie die Mischung gut um.

6 Geben Sie die weich gekochten Kutteln zu der Mehlschwitze und vermischen Sie alles gründlich.

7 Füllen Sie den Topf mit dem Kochwasser der Kutteln auf und lassen Sie die Suppe etwa 20 Minuten köcheln, damit sich die Aromen voll entfalten können.

8 Würzen Sie die Suppe mit Salz und Pfeffer nach Ihrem Geschmack.

TOPCHETA |

SUPPE MIT FLEISCHKLÖßCHEN

4 Port.

45 Min.

Mittel

Zutaten

500 g Hackfleisch
100 g Reis
1 große Zwiebel, fein gewürfelt
2 Eier
1,5 Liter Fleischbrühe
¼ Bund Petersilie, fein gehackt
Salz und Pfeffer nach Geschmack

Nährwerte p. P.

320 kcal
15 g Kohlenhydrate
18 g Fett
25 g Eiweiß

1 Kochen Sie den Reis nach Packungsanleitung, bis er halb gar ist, spülen Sie ihn ab und lassen Sie ihn abkühlen.

2 Vermengen Sie das Hackfleisch in einer großen Schüssel mit dem halb gekochten Reis, den gewürfelten Zwiebeln, den Eiern und der gehackten Petersilie. Würzen Sie die Masse mit Salz und Pfeffer.

3 Formen Sie aus der Fleischmischung kleine Klößchen.

4 Bringen Sie die Fleischbrühe in einem großen Topf zum Kochen.

5 Geben Sie die Fleischklößchen vorsichtig in die kochende Brühe und lassen Sie sie etwa 20 Minuten köcheln, bis sie vollständig gar sind.

6 Streuen Sie kurz vor dem Servieren die restliche gehackte Petersilie über die Suppe.

CHIRPAN CHORBA |

LINSENSUPPE

4 Port.

50 Min.

Leicht

Zutaten

250 g rote Linsen, gründlich gewaschen
1 große Zwiebel, fein gewürfelt
2 Karotten, in kleine Würfel geschnitten
2 Stangen Sellerie, in Würfel geschnitten
2 reife Tomaten, gehäutet und gewürfelt
1 rote Paprika, fein gewürfelt
1 EL Essig
1,5 Liter Wasser
Salz und frisch gemahlener schwarzer Pfeffer nach Geschmack

Nährwerte p. P.

260 kcal
40 g Kohlenhydrate
3 g Fett
15 g Eiweiß

1 Spülen Sie die roten Linsen unter fließendem Wasser ab, bis das Wasser klar bleibt.

2 Erhitzen Sie etwas Olivenöl in einem großen Suppentopf über mittlerer Hitze. Fügen Sie die gewürfelten Zwiebeln, Karotten und Sellerie hinzu. Lassen Sie das Gemüse etwa 5 Minuten lang sautieren, bis es weich wird und die Zwiebeln transparent erscheinen.

3 Integrieren Sie die Paprikawürfel und lassen Sie diese für weitere 3 Minuten mitkochen, bis sie ebenfalls weich werden.

4 Geben Sie die Tomatenwürfel und die vorbereiteten Linsen in den Topf. Rühren Sie um, um alle Zutaten zu vermischen.

5 Gießen Sie das Wasser in den Topf und erhöhen Sie die Hitze, um die Suppe zum Kochen zu bringen. Sobald die Suppe kocht, reduzieren Sie die Hitze und lassen sie unbedeckt für etwa 30 Minuten köcheln. Dabei gelegentlich umrühren, bis die Linsen vollständig weich sind und die Suppe eine leicht dickflüssige Konsistenz erreicht hat.

6 Nehmen Sie den Topf vom Herd und verfeinern Sie die Suppe mit 1 Esslöffel Essig sowie Salz und Pfeffer nach Ihrem Geschmack.

KURBAN CHORBA |

FESTTAGSSUPPE

4 Port.

1,5 Std.

Mittel

Zutaten

500 g Lammfleisch, in Würfel geschnitten
100 g Reis
2 mittelgroße Zwiebeln, fein gehackt
500 ml Joghurt
2 Eigelbe
2 EL Essig
1 TL Paprikapulver
Salz und frisch gemahlener schwarzer Pfeffer nach Geschmack
2 Liter Wasser

Nährwerte p. P.

360 kcal
15 g Kohlenhydrate
22 g Fett
25 g Eiweiß

1 Geben Sie das gewürfelte Lammfleisch in einen großen Topf, füllen Sie ihn mit Wasser auf und bringen Sie das Ganze zum Kochen. Schäumen Sie den sich bildenden Schaum ab und reduzieren Sie dann die Hitze, um das Fleisch bei niedriger Temperatur etwa 45 Minuten lang zu köcheln.

2 In der Zwischenzeit das Olivenöl in einer Pfanne erhitzen und die gehackten Zwiebeln darin anbraten, bis sie goldbraun und weich sind.

3 Fügen Sie den vorgekochten Reis und die Zwiebeln zum Lammfleisch hinzu und kochen Sie alles weitere 15 Minuten.

4 In einer Schüssel den Joghurt mit den Eigelben und dem Essig verrühren. Nehmen Sie eine Schöpfkelle der heißen Brühe und rühren Sie sie langsam in die Joghurtmischung ein, um sie zu temperieren.

5 Gießen Sie die temperierte Joghurtmischung in den Topf und rühren Sie kontinuierlich, während Sie die Suppe sanft erhitzen. Achten Sie darauf, dass die Suppe nicht kocht, um zu vermeiden, dass der Joghurt gerinnt.

6 Streuen Sie das Paprikapulver ein und würzen Sie die Suppe mit Salz und Pfeffer. Lassen Sie alles unter gelegentlichem Rühren einige Minuten ziehen, um die Aromen zu vermischen.

ZELENCHUKOVA CHORBA |

GEMÜSESUPPE

4 Port.

40 Min.

Leicht

Zutaten

200 g Kartoffeln, gewürfelt
150 g Möhren, gewürfelt
100 g Erbsen
100 g grüne Bohnen, geschnitten
1 rote Paprika, gewürfelt
2 Tomaten, gehäutet und gewürfelt
1 Bund Petersilie, fein gehackt
1 Bund Dill, fein gehackt
1,5 Liter Gemüsebrühe oder Wasser
Salz und Pfeffer nach Geschmack

Nährwerte p. P.

150 kcal
25 g Kohlenhydrate
2 g Fett
6 g Eiweiß

1 Erhitzen Sie die Gemüsebrühe oder das Wasser in einem großen Topf bis zum Siedepunkt.

2 Geben Sie die gewürfelten Kartoffeln und Möhren in den Topf und lassen Sie sie etwa 10 Minuten köcheln.

3 Fügen Sie die grünen Bohnen, Erbsen und die Paprikawürfel hinzu. Kochen Sie das Gemüse weiter, bis es fast weich ist.

4 Geben Sie die Tomatenwürfel in die Suppe und lassen Sie alles weitere 5 Minuten köcheln.

5 Rühren Sie die gehackte Petersilie und den Dill unter und schmecken Sie die Suppe mit Salz und Pfeffer ab.

6 Lassen Sie die Suppe noch einige Minuten stehen, um die Aromen der Kräuter voll zur Entfaltung zu bringen.

PILESHKA SUPA |

HÜHNERSUPPE

4 Port.

1,5 Std.

Leicht

Zutaten

1 ganzes Huhn oder Hühnerteile (ca. 1 kg)
2 große Karotten, geschnitten
1 große Zwiebel, geviertelt
2 Stangen Sellerie, geschnitten
1 Petersilienwurzel (optional), geschnitten
2 Lorbeerblätter
Einige Stiele frische Petersilie, gehackt
Salz und Pfeffer nach Geschmack
2 Liter Wasser

Nährwerte p. P.

210 kcal
5 g Kohlenhydrate
10 g Fett
25 g Eiweiß

1 Setzen Sie das Huhn zusammen mit dem Wasser in einem großen Topf auf. Führen Sie es langsam zum Kochen und entfernen Sie den Schaum, der sich bildet.

2 Fügen Sie die Karotten, Zwiebel, Sellerie, Petersilienwurzel und Lorbeerblätter hinzu. Salzen und pfeffern Sie nach Ihrem Geschmack.

3 Reduzieren Sie die Hitze und lassen Sie die Suppe zugedeckt bei niedriger Hitze köcheln. Das Huhn sollte in etwa 1 Stunde weich gekocht sein.

4 Entfernen Sie das Huhn aus der Brühe und lassen Sie es etwas abkühlen. Entbeinen Sie das Huhn und schneiden oder zerpflücken Sie das Fleisch in mundgerechte Stücke.

5 Geben Sie das Hühnerfleisch zurück in die Suppe und erwärmen Sie diese erneut, falls nötig.

6 Streuen Sie vor dem Servieren frisch gehackte Petersilie über die Suppe.

RIBENA CHORBA | FISCHSUPPE

4 Port.

50 Min.

Mittel

Zutaten

500 g gemischte Fischfilets (z. B. Karpfen, Hecht, Barsch), in Stücke geschnitten
1 große Zwiebel, gewürfelt
2 Karotten, in Scheiben geschnitten
2 Kartoffeln, gewürfelt
1 Stange Lauch, in Ringe geschnitten
3 Tomaten, gehäutet und gewürfelt
1 Handvoll frischer Dill, gehackt
2 Lorbeerblätter
50 ml Weißwein
1,5 Liter Fischbrühe oder Wasser
2 EL Olivenöl
Salz und Pfeffer nach Geschmack

1 Erhitzen Sie das Olivenöl in einem großen Topf und dünsten Sie die Zwiebelwürfel darin, bis sie glasig sind.

2 Geben Sie die Karottenscheiben und Lauchringe hinzu und lassen Sie diese einige Minuten mitdünsten.

3 Fügen Sie die Kartoffelwürfel und Tomatenstücke der Gemüsemischung hinzu und kochen Sie alles kurz an.

4 Löschen Sie das Gemüse mit Weißwein ab und lassen Sie die Flüssigkeit etwas reduzieren.

5 Gießen Sie die Fischbrühe oder das Wasser dazu und bringen Sie die Suppe zum Kochen. Fügen Sie die Lorbeerblätter hinzu und lassen Sie die Suppe bei niedriger Hitze etwa 20 Minuten köcheln.

6 Legen Sie die Fischstücke in die kochende Brühe und lassen Sie die Suppe weitere 10 Minuten sanft köcheln, bis der Fisch gar ist.

7 Schmecken Sie die Suppe mit Salz und Pfeffer ab und rühren Sie den frisch gehackten Dill unter.

Nährwerte p. P.

230 kcal
8 g Kohlenhydrate
12 g Fett
25 g Eiweiß

Brote

PITKA |

BULGARISCHES FESTTAGSBROT

10 Port.

3 Std.

Mittel

Zutaten

500 g Mehl
250 ml Milch, lauwarm
2 Eier (1 für den Teig, 1 zum Bestreichen)
10 g frische Hefe
1 EL Zucker
1 TL Salz
50 g Butter, weich

Nährwerte p. P.

330 kcal
50 g Kohlenhydrate
8 g Fett
9 g Eiweiß

1 Lösen Sie die Hefe und den Zucker in der lauwarmen Milch auf und lassen Sie die Mischung 10 Minuten stehen, bis sie schäumt.

2 Mischen Sie in einer großen Schüssel das Mehl mit dem Salz. Machen Sie eine Mulde in der Mitte und gießen Sie die Hefemilch hinein. Fügen Sie 1 Ei und die weiche Butter hinzu. Verkneten Sie alle Zutaten zu einem glatten, elastischen Teig. Falls nötig, fügen Sie während des Knetens etwas mehr Mehl hinzu.

3 Formen Sie den Teig zu einer Kugel, legen Sie ihn zurück in die Schüssel und decken Sie ihn mit einem Tuch ab. Lassen Sie den Teig an einem warmen Ort 1,5 Stunden gehen, bis er sein Volumen verdoppelt hat.

4 Kneten Sie den aufgegangenen Teig kurz durch und formen Sie ihn nach Wunsch. Traditionell wird der Pitka geflochten oder in andere dekorative Formen gebracht.

5 Legen Sie den geformten Teig auf ein mit Backpapier ausgelegtes Backblech. Lassen Sie ihn abgedeckt weitere 30 Minuten gehen.

6 Heizen Sie den Ofen auf 180 °C Ober-/Unterhitze vor. Schlagen Sie das verbliebene Ei auf und bestreichen Sie das Brot damit. Backen Sie das Brot 30 bis 35 Minuten im vorgeheizten Ofen, bis es goldbraun ist und hohl klingt, wenn man daraufklopft.

LUCHNIK |

LAUCHBROT

8 Port. 2,5 Std. Mittel

Zutaten

500 g Mehl
20 g frische Hefe
300 ml Wasser, lauwarm
1 TL Salz
1 TL Zucker
2 Stangen Lauch, fein geschnitten
2 Eier (1 für den Teig, 1 zum Bestreichen)
50 ml Pflanzenöl, plus etwas mehr zum Braten

Nährwerte p. P.

260 kcal
40 g Kohlenhydrate
8 g Fett
7 g Eiweiß

1 Lösen Sie die frische Hefe in einem kleinen Teil des lauwarmen Wassers auf und geben Sie 1 Teelöffel Zucker hinzu, um die Aktivierung der Hefe zu unterstützen. Lassen Sie die Mischung etwa 10 Minuten stehen, bis sie zu schäumen beginnt.

2 Geben Sie das Mehl und Salz in eine große Rührschüssel. Fügen Sie die Hefemischung, das restliche Wasser, 1 Ei und das Pflanzenöl hinzu. Kneten Sie alles gründlich zu einem geschmeidigen Teig.

3 Decken Sie den Teig ab und lassen Sie ihn an einem warmen Ort etwa 1 Stunde gehen, bis er sein Volumen verdoppelt hat.

4 In der Zwischenzeit erhitzen Sie etwas Öl in einer Pfanne und braten den geschnittenen Lauch an, bis er weich und leicht karamellisiert ist. Lassen Sie ihn abkühlen.

5 Kneten Sie den aufgegangenen Teig leicht durch und arbeiten Sie den abgekühlten Lauch ein. Formen Sie den Teig zu einem Laib.

6 Legen Sie den Laib auf ein mit Backpapier belegtes Backblech und lassen Sie ihn erneut 30 Minuten gehen.

7 Heizen Sie den Ofen auf 200 °C Ober- /Unterhitze vor.

8 Schlagen Sie das verbliebene Ei auf und bestreichen Sie das Brot damit. Backen Sie das Brot für etwa 30 Minuten im vorgeheizten Ofen, bis es goldbraun ist.

PROJA |

MAISBROT

8 Port.

50 Min.

Leicht

Zutaten

300 g Maismehl
250 ml Joghurt
2 Eier
1 TL Backpulver
½ TL Salz
50 ml Sonnenblumenöl, plus etwas mehr zum Einfetten der Form

Nährwerte p. P.

280 kcal
40 g Kohlenhydrate
10 g Fett
7 g Eiweiß

1 Heizen Sie Ihren Ofen auf 200 °C (Ober-/Unterhitze) vor und fetten Sie eine Backform mit etwas Sonnenblumenöl ein.

2 Vermischen Sie in einer großen Schüssel das Maismehl mit dem Backpulver und Salz.

3 Schlagen Sie in einer anderen Schüssel die Eier auf und verquirlen Sie sie mit dem Joghurt und Sonnenblumenöl, bis eine homogene Masse entsteht.

4 Kombinieren Sie die nassen Zutaten mit den trockenen Zutaten und rühren Sie, bis alles gut vermischt ist, jedoch nicht zu lange rühren, um eine zähe Textur zu vermeiden.

5 Gießen Sie den Teig in die vorbereitete Backform und glätten Sie die Oberfläche mit einem Spatel.

6 Backen Sie das Maisbrot für etwa 30 bis 35 Minuten im Ofen oder bis die Oberfläche golden ist und ein Zahnstocher sauber herauskommt, wenn man ihn in die Mitte des Brotes steckt.

KOZUNAK |

BULGARISCHES OSTERBROT

12 Port.

3,5 Std.

Schwer

Zutaten

500 g Mehl
4 Eier
120 g Zucker
100 g Butter, weich
250 ml Milch
20 g frische Hefe
100 g Rosinen
Abrieb einer Zitrone

Nährwerte p. P.

370 kcal
55 g Kohlenhydrate
12 g Fett
8 g Eiweiß

1 Erwärmen Sie die Milch in einem kleinen Topf, bis sie lauwarm ist, und rühren Sie die Hefe und 1 Teelöffel des Zuckers ein. Lassen Sie die Mischung etwa 10 Minuten stehen, bis sie schäumt.

2 In einer großen Schüssel das Mehl mit dem restlichen Zucker vermischen. Machen Sie eine Vertiefung in der Mitte und gießen Sie die Hefemilch sowie zwei der Eier hinein. Kneten Sie den Teig, fügen Sie nach und nach die weiche Butter hinzu und kneten Sie weiter, bis der Teig glatt und elastisch ist.

3 Arbeiten Sie die Rosinen und den Zitronenabrieb ein. Formen Sie den Teig zu einer Kugel, legen Sie ihn zurück in die Schüssel und decken Sie ihn mit einem Tuch ab. Lassen Sie den Teig an einem warmen Ort etwa 2 Stunden gehen, bis er sein Volumen verdoppelt hat.

4 Kneten Sie den Teig kurz durch und teilen Sie ihn in drei gleich große Stränge. Flechten Sie diese zu einem Zopf und legen Sie den geflochtenen Teig in eine gefettete Kastenform. Lassen Sie den geflochtenen Teig abgedeckt nochmals 30 Minuten gehen.

5 Schlagen Sie die verbliebenen 2 Eier und bestreichen Sie den Teig damit. Heizen Sie den Ofen auf 180 °C Ober-/Unterhitze vor.

6 Backen Sie das Brot für etwa 40 Minuten oder bis es goldbraun ist und hohl klingt, wenn man daraufklopft.

POGACHA |

TRADITIONELLES FLADENBROT

8 Port.

2 Std.
20 Min.

Leicht

Zutaten

500 g Mehl
300 ml Milch, lauwarm
10 g frische Hefe
1 TL Salz
2 EL Sonnenblumenöl, plus etwas mehr zum Einfetten

Nährwerte p. P.

280 kcal
49 g Kohlenhydrate
5 g Fett
9 g Eiweiß

1 Lösen Sie die frische Hefe in der lauwarmen Milch auf und lassen Sie diese einige Minuten stehen, bis sich Bläschen bilden.

2 Vermischen Sie in einer großen Schüssel das Mehl mit dem Salz. Gießen Sie die Hefemilch und das Sonnenblumenöl dazu.

3 Verkneten Sie die Zutaten gründlich zu einem geschmeidigen, elastischen Teig. Sollte der Teig zu klebrig sein, fügen Sie ein wenig mehr Mehl hinzu.

4 Formen Sie den Teig zu einer Kugel, legen Sie ihn in eine leicht geölte Schüssel und drehen Sie ihn einmal um, sodass die gesamte Oberfläche leicht geölt ist. Decken Sie die Schüssel mit einem Tuch ab und lassen Sie den Teig an einem warmen Ort etwa 1 Stunde gehen, bis er sein Volumen verdoppelt hat.

5 Kneten Sie den aufgegangenen Teig kurz durch und formen Sie ihn zu einem flachen, runden Fladen. Legen Sie diesen auf ein mit Backpapier ausgelegtes Backblech.

6 Lassen Sie den Fladen nochmals 20 Minuten gehen. Heizen Sie den Ofen auf 200 °C Ober-/Unterhitze vor.

7 Backen Sie das Brot für etwa 30 Minuten oder bis es goldbraun ist und beim Klopfen auf die Unterseite hohl klingt.

Hauptgerichte mit Fleisch & Geflügel

KAVARMA |

BULGARISCHES FLEISCHSCHMORGERICHT

4 Port.

1 Std. 20 Min.

Mittel

Zutaten

500 g Schweinefleisch, in Würfel geschnitten
500 g Hühnerfleisch, in Würfel geschnitten
2 Zwiebeln, gewürfelt
2 rote Paprika, gewürfelt
4 Knoblauchzehen, fein gehackt
200 g Champignons, geschnitten
2 Tomaten, gewürfelt
100 ml Weißwein
2 EL Paprikapulver
1 TL Thymian
1 TL Majoran
Salz und Pfeffer nach Geschmack
50 ml Sonnenblumenöl

Nährwerte p. P.

450 kcal
15 g Kohlenhydrate
25 g Fett
40 g Eiweiß

1 Erhitzen Sie das Sonnenblumenöl in einem großen Schmortopf oder einer tiefen Pfanne.

2 Braten Sie das Schweine- und Hühnerfleisch bei hoher Hitze an, bis es rundherum gebräunt ist. Nehmen Sie das Fleisch aus dem Topf und stellen Sie es beiseite.

3 Reduzieren Sie die Hitze, geben Sie die Zwiebeln und den Knoblauch in den Topf und sautieren Sie sie, bis sie weich sind.

4 Fügen Sie die Paprika und Champignons hinzu und lassen Sie diese einige Minuten mitdünsten, bis sie leicht gebräunt sind.

5 Streuen Sie das Paprikapulver über das Gemüse und rühren Sie um, um die Aromen zu entfalten.

6 Geben Sie das Fleisch zurück in den Topf. Fügen Sie die Tomaten, Weißwein, Thymian und Majoran hinzu und rühren Sie alles gut um.

7 Gießen Sie bei Bedarf ein wenig Wasser hinzu, um sicherzustellen, dass die Zutaten nicht anbrennen.

8 Decken Sie den Topf ab und schmoren Sie das Gericht bei niedriger Hitze für etwa 45 Minuten, bis das Fleisch zart ist.

9 Schmecken Sie das Kavarma mit Salz und Pfeffer ab.

GJUVEC S MESO |

BULGARISCHER FLEISCHEINTOPF

6 Port.

1 Std. 45 Min.

Mittel

Zutaten

600 g Rindfleisch, in Würfel geschnitten
3 mittelgroße Kartoffeln, gewürfelt
2 Zwiebeln, gehackt
2 Karotten, gewürfelt
1 rote Paprika, gewürfelt
3 Tomaten, geschält und gewürfelt
2 Knoblauchzehen, fein gehackt
100 g Erbsen (frisch oder gefroren)
1 TL süßes Paprikapulver
½ TL getrockneter Thymian
500 ml Rinderbrühe
100 ml Rotwein
3 EL Pflanzenöl
Salz und frisch gemahlener schwarzer Pfeffer

Nährwerte p. P.

460 kcal
20 g Kohlenhydrate
30 g Fett
35 g Eiweiß

1 Erhitzen Sie das Pflanzenöl in einem großen Schmortopf oder einer tiefen Pfanne.

2 Braten Sie die Rindfleischwürfel rundum an, bis sie gleichmäßig gebräunt sind, und nehmen Sie sie dann aus dem Topf.

3 Fügen Sie die Zwiebeln und Knoblauchzehen in den Topf und dünsten Sie diese, bis sie weich und durchsichtig sind.

4 Geben Sie die Karotten, Paprika und Kartoffeln hinzu und lassen Sie das Ganze einige Minuten anbraten, sodass es leicht Farbe annimmt.

5 Streuen Sie das Paprikapulver und Thymian über das Gemüse und rühren Sie gut um. Löschen Sie das Gemüse mit dem Rotwein ab und lassen Sie ihn kurz einkochen.

6 Fügen Sie die Tomaten, die zurückgelegten Rindfleischwürfel und die Rinderbrühe hinzu. Rühren Sie alles gut durch und bringen Sie den Eintopf zum Kochen.

7 Reduzieren Sie die Hitze, decken Sie den Topf ab und lassen Sie den Gjuvec 1 Stunde lang köcheln, bis das Fleisch und die Gemüse weich sind.

8 Etwa 10 Minuten vor Ende der Kochzeit geben Sie die Erbsen hinzu.

9 Würzen Sie den Eintopf abschließend nach Ihrem Geschmack mit Salz und Pfeffer.

MUSAKA S KAIMA |

BULGARISCHE MOUSSAKA MIT HACKFLEISCH

6 Port.

1,5 Std.

Mittel

Zutaten

500 g Rinderhackfleisch
3 große Kartoffeln, in dünne Scheiben geschnitten
1 große Aubergine, in dünne Scheiben geschnitten
2 Zwiebeln, fein gewürfelt
2 Knoblauchzehen, gehackt
400 g Tomaten, püriert
2 EL Olivenöl
250 ml Rinderbrühe
1 TL Paprikapulver
½ TL gemahlener Zimt
200 g Joghurt
2 Eier
100 g geriebener Käse
Salz und frisch gemahlener schwarzer Pfeffer
Frische Petersilie, gehackt, zum Garnieren

Nährwerte p. P.

580 kcal
30 g Kohlenhydrate
40 g Fett
30 g Eiweiß

1 Erhitzen Sie das Olivenöl in einer großen Pfanne und braten Sie das Rinderhackfleisch an, bis es krümelig und gebräunt ist. Fügen Sie die Zwiebeln und den Knoblauch hinzu und dünsten Sie alles zusammen, bis die Zwiebeln weich sind.

2 Geben Sie das Paprikapulver, den Zimt und die pürierten Tomaten hinzu. Lassen Sie die Mischung köcheln, bis sie eindickt. Salzen und pfeffern Sie die Soße nach Geschmack.

3 In einem anderen Topf kochen Sie die Kartoffel- und Auberginenscheiben in der Rinderbrühe, bis sie fast weich sind. Heizen Sie den Ofen auf 180 °C vor.

4 In einer großen Auflaufform schichten Sie abwechselnd eine Lage Kartoffeln, eine Lage Auberginen und eine Lage der Fleischsoße. Wiederholen Sie die Schichten, bis alle Zutaten verbraucht sind.

5 Verquirlen Sie den Joghurt mit den Eiern und verteilen Sie die Mischung gleichmäßig über der letzten Schicht in der Auflaufform. Streuen Sie den geriebenen Käse darüber.

6 Backen Sie die Moussaka für etwa 30 Minuten im Ofen oder bis die Oberfläche goldbraun und knusprig ist. Lassen Sie die Moussaka vor dem Servieren 10 Minuten abkühlen und streuen Sie frische Petersilie darüber.

SARMI |

GEFÜLLTE WEINBLÄTTER MIT FLEISCH UND REIS

 6 Port.  1,5 Std.  Mittel

Zutaten

40 Weinblätter, eingelegt oder frisch
300 g Rinderhackfleisch
100 g Reis
1 Zwiebel, fein gewürfelt
2 Knoblauchzehen, gehackt
2 EL Tomatenmark
1 TL Paprikapulver
½ TL getrockneter Dill
½ TL getrocknete Minze
Salz und frisch gemahlener schwarzer Pfeffer
500 ml Rinderbrühe
50 ml Olivenöl

Nährwerte p. P.

220 kcal
20 g Kohlenhydrate
9 g Fett
15 g Eiweiß

1 Bereiten Sie die Weinblätter vor, indem Sie sie, falls nötig, abspülen und trocken tupfen. Schneiden Sie die harten Stiele ab. Kochen Sie den Reis halb gar, spülen Sie ihn ab und lassen Sie ihn abtropfen.

2 Erhitzen Sie 1 Esslöffel Olivenöl in einer Pfanne und sautieren Sie die Zwiebel und den Knoblauch, bis sie weich sind. Vermengen Sie in einer Schüssel das Rinderhackfleisch mit dem halb garen Reis, der Zwiebel-Knoblauch-Mischung, Tomatenmark, Paprikapulver, Dill, Minze sowie Salz und Pfeffer.

3 Legen Sie ein Weinblatt mit der glänzenden Seite nach unten auf eine Arbeitsfläche. Platzieren Sie etwa 1 Esslöffel der Fleisch-Reis-Füllung am unteren Rand des Blattes. Falten Sie die Seiten über die Füllung und rollen Sie das Blatt fest auf.

4 Wiederholen Sie diesen Vorgang mit den verbliebenen Weinblättern und der Füllung.

5 Ordnen Sie die gefüllten Weinblätter dicht an dicht in einem großen Topf. Gießen Sie die Rinderbrühe und das restliche Olivenöl über die Sarmi.

6 Legen Sie einen Teller auf die Sarmi, um sie während des Kochens niederzuhalten. Lassen Sie die Sarmi bei niedriger Hitze etwa 1 Stunde köcheln, bis die Füllung durchgegart ist.

DJOLAN |

GESCHMORTES LAMM IN WEINSOẞE

4 Port.

2,5 Std.

Mittel

Zutaten

1 kg Lammfleisch (Schulter oder Keule), in große Stücke geschnitten
250 ml Rotwein
2 Zwiebeln, grob gewürfelt
4 Knoblauchzehen, zerdrückt
2 Lorbeerblätter
1 TL getrockneter Thymian
1 TL getrockneter Rosmarin
2 EL Olivenöl
300 ml Rinder- oder Lammbrühe
Salz und frisch gemahlener schwarzer Pfeffer

Nährwerte p. P.

510 kcal
6 g Kohlenhydrate
30 g Fett
50 g Eiweiß

1 Heizen Sie den Ofen auf 160 °C (Ober- /Unterhitze) vor. Erhitzen Sie das Olivenöl in einem schweren Bräter oder einer tiefen Pfanne. Braten Sie die Lammstücke von allen Seiten an, bis sie schön gebräunt sind. Entnehmen Sie das Fleisch und legen Sie es beiseite.

2 Geben Sie in denselben Topf die Zwiebeln und den Knoblauch. Sautieren Sie diese, bis die Zwiebeln weich und leicht karamellisiert sind.

3 Fügen Sie den Rotwein hinzu und lassen Sie ihn ein paar Minuten köcheln, um den Alkohol zu reduzieren.

4 Setzen Sie das Lamm wieder in den Topf und streuen Sie Thymian, Rosmarin und Lorbeerblätter darüber. Gießen Sie die Brühe ein und bringen Sie alles zum Köcheln. Würzen Sie mit Salz und Pfeffer.

5 Decken Sie den Topf ab und schieben Sie ihn in den vorgeheizten Ofen. Schmoren Sie das Lamm für etwa 2 Stunden, bis es zart ist und sich leicht mit einer Gabel zerdrücken lässt.

6 Überprüfen Sie während des Schmorens gelegentlich und fügen Sie bei Bedarf etwas Brühe hinzu, um sicherzustellen, dass das Fleisch nicht austrocknet.

7 Nehmen Sie das fertige Gericht aus dem Ofen und lassen Sie es vor dem Servieren kurz ruhen.

PILE NA FURNA S ORIZ |

GEBACKENES HUHN MIT REIS

4 Port.

1 Std. 20 Min.

Leicht

Zutaten

4 Hühnerschenkel
200 g Reis
1 große Zwiebel, fein gewürfelt
2 Karotten, gewürfelt
4 Knoblauchzehen, gehackt
500 ml Hühnerbrühe
2 EL Olivenöl
1 TL Paprikapulver
Salz und frisch gemahlener schwarzer Pfeffer
Frische Kräuter (z. B. Petersilie oder Dill) zum Garnieren

Nährwerte p. P.

420 kcal
45 g Kohlenhydrate
12 g Fett
30 g Eiweiß

1 Heizen Sie Ihren Ofen auf 200 °C (Ober-/Unterhitze) vor. Waschen und trocknen Sie die Hühnerschenkel. Reiben Sie sie mit Salz, Pfeffer und Paprikapulver ein.

2 Erhitzen Sie das Olivenöl in einer großen, ofenfesten Pfanne oder einem Bräter. Braten Sie die Hühnerschenkel bei mittlerer Hitze an, bis sie rundum goldbraun sind. Nehmen Sie das Huhn heraus und stellen Sie es beiseite.

3 In derselben Pfanne sautieren Sie die Zwiebel, Karotten und Knoblauch, bis die Zwiebeln glasig sind.

4 Verteilen Sie den Reis gleichmäßig in der Pfanne und rühren Sie um, damit er die Aromen aufnimmt.

5 Legen Sie die angebratenen Hühnerschenkel zurück in die Pfanne. Gießen Sie die Hühnerbrühe darüber, sodass der Reis und das Huhn bedeckt sind.

6 Bringen Sie die Flüssigkeit kurz zum Kochen, decken Sie die Pfanne ab und stellen Sie sie in den vorgeheizten Ofen.

7 Backen Sie das Gericht für etwa 45 Minuten oder bis der Reis weich und die Flüssigkeit vollständig absorbiert ist.

8 Garnieren Sie das Gericht zum Abschluss mit frischen Kräutern, z.B. Petersilie oder Dill.

SHISHCHE |

GEGRILLTE FLEISCHSPIEßE

4 Port.

45 Min.

Leicht

Zutaten

600 g Schweinefleisch oder Lammfleisch, in Würfel geschnitten
2 Zwiebeln, in Stücke geschnitten
2 Paprika, in Stücke geschnitten
3 Knoblauchzehen, fein gehackt
2 EL Olivenöl
1 EL Paprikapulver
1 TL Kreuzkümmel
Saft von 1 Zitrone
Salz und frisch gemahlener schwarzer Pfeffer
Frische Petersilie zum Garnieren
Holz- oder Metallspieße

Nährwerte p. P.

310 kcal
5 g Kohlenhydrate
20 g Fett
28 g Eiweiß

1 Schneiden Sie das Fleisch in gleich große Würfel und geben Sie es in eine große Schüssel.

2 Kombinieren Sie in einer separaten Schüssel Olivenöl, Paprikapulver, Kreuzkümmel, gehackten Knoblauch, Zitronensaft, Salz und Pfeffer zu einer Marinade.

3 Gießen Sie die Marinade über das Fleisch und mischen Sie gründlich, um sicherzustellen, dass jedes Stück gut bedeckt ist. Lassen Sie das Fleisch mindestens 1 Stunde oder über Nacht im Kühlschrank marinieren.

4 Fädeln Sie das marinierte Fleisch abwechselnd mit Zwiebel- und Paprikastücken auf Metall- oder eingeweichte Holzspieße.

5 Heizen Sie Ihren Grill oder eine Grillpfanne auf hohe Temperatur vor.

6 Grillen Sie die Spieße, bis das Fleisch rundherum schön gebräunt und durchgegart ist, etwa 10 bis 15 Minuten, je nach Hitze und Fleischsorte. Wenden Sie die Spieße regelmäßig, um ein gleichmäßiges Garen zu gewährleisten.

7 Garnieren Sie die fertigen Spieße mit frischer Petersilie und servieren Sie sie heiß.

KEBAPCHETA |

TRADITIONELLE BULGARISCHE FLEISCHRÖLLCHEN

6 Port.

30 Min.

Leicht

Zutaten

800 g gemischtes Hackfleisch (Rind und Schwein)
1 Zwiebel, sehr fein gewürfelt
3 Knoblauchzehen, gepresst
1 TL Salz
½ TL frisch gemahlener schwarzer Pfeffer
1 TL gemahlener Kreuzkümmel
1 TL süßes Paprikapulver
Öl zum Grillen

Nährwerte p. P.

290 kcal
0 g Kohlenhydrate
22 g Fett
22 g Eiweiß

1 Vermengen Sie das Hackfleisch gründlich mit Zwiebel, Knoblauch, Salz, schwarzem Pfeffer, Kreuzkümmel und Paprikapulver in einer großen Schüssel.

2 Kneten Sie die Mischung gründlich, bis alle Zutaten gleichmäßig verteilt sind und die Masse eine homogene Konsistenz erreicht hat.

3 Formen Sie aus der Fleischmasse längliche Röllchen, etwa so dick wie ein Finger.

4 Heizen Sie eine Grillpfanne oder einen Außengrill auf mittlere bis hohe Temperatur vor und ölen Sie die Grillfläche leicht ein.

5 Grillen Sie die Kebapcheta rundherum für etwa 8 bis 10 Minuten oder bis sie vollständig durchgegart und außen schön gebräunt sind.

6 Wenden Sie die Röllchen während des Grillens mehrmals, um ein gleichmäßiges Garen sicherzustellen.

KYUFTE |

BULGARISCHE HACKFLEISCHBÄLLCHEN

4 Port.

40 Min.

Leicht

Zutaten

500 g Rinderhackfleisch
1 mittelgroße Zwiebel, fein gewürfelt
2 Knoblauchzehen, fein gehackt
1 Ei
50 g Paniermehl
1 TL gemahlener Kreuzkümmel
1 TL süßes Paprikapulver
½ TL Salz
¼ TL frisch gemahlener schwarzer Pfeffer
Sonnenblumenöl zum Braten

Nährwerte p. P.

300 kcal
5 g Kohlenhydrate
20 g Fett
25 g Eiweiß

1 Mischen Sie in einer großen Schüssel das Rinderhackfleisch mit den Zwiebelwürfeln, dem gehackten Knoblauch, dem Ei, dem Paniermehl, Kreuzkümmel, Paprikapulver, Salz und schwarzem Pfeffer, bis alles gründlich vermengt ist.

2 Formen Sie aus der Fleischmischung kleine, gleichmäßige Bällchen, etwa von der Größe eines Golfballs.

3 Erhitzen Sie etwas Sonnenblumenöl in einer großen Pfanne über mittlerer Hitze.

4 Braten Sie die Hackfleischbällchen in Chargen an, bis sie rundum gebräunt und durchgegart sind, etwa 6 bis 8 Minuten pro Charge. Achten Sie darauf, die Bällchen während des Bratens mehrmals zu wenden, um eine gleichmäßige Bräunung zu erreichen.

5 Legen Sie die fertig gebratenen Hackfleischbällchen auf einen mit Küchenpapier ausgelegten Teller, um überschüssiges Öl aufzunehmen.

BANSKI STARETS |

GESCHMORTES SCHWEINEFLEISCH NACH BANSKO-ART

4 Port.

2,5 Std.

Mittel

Zutaten

1 kg Schweinefleisch (Schulter oder Nacken), in große Würfel geschnitten
2 große Zwiebeln, in Ringe geschnitten
4 Knoblauchzehen, gehackt
2 rote Paprika, in Streifen geschnitten
2 große Kartoffeln, in Würfel geschnitten
300 ml trockener Rotwein
200 ml Rinderbrühe
1 TL süßes Paprikapulver
1 TL getrockneter Majoran
1 Lorbeerblatt
2 EL Pflanzenöl
Salz und frisch gemahlener schwarzer Pfeffer

Nährwerte p. P.

510 kcal
8 g Kohlenhydrate
35 g Fett
40 g Eiweiß

1 Erhitzen Sie das Pflanzenöl in einem schweren Bräter oder einer großen, tiefen Pfanne. Braten Sie das Schweinefleisch bei hoher Hitze an, bis es rundum schön gebräunt ist. Nehmen Sie das Fleisch aus der Pfanne und stellen Sie es beiseite.

2 Reduzieren Sie die Hitze, geben Sie die Zwiebelringe und den Knoblauch in den Bräter und lassen Sie sie weich werden und leicht karamellisieren.

3 Fügen Sie die Paprikastreifen und Kartoffelwürfel hinzu, braten Sie sie kurz mit an und bestreuen Sie das Gemüse mit Paprikapulver und Majoran.

4 Geben Sie das angebratene Fleisch zurück in den Bräter. Gießen Sie den Rotwein und die Rinderbrühe dazu und fügen Sie das Lorbeerblatt hinzu.

5 Bringen Sie die Flüssigkeit zum Kochen, decken Sie den Bräter ab und schmoren Sie das Gericht im vorgeheizten Backofen bei 160 °C für etwa 2 Stunden oder bis das Fleisch zart und die Soße eingedickt ist.

6 Würzen Sie das Gericht mit Salz und Pfeffer und rühren Sie es um, um alle Aromen zu vereinen.

Hauptspeisen mit Fisch & Meeresfrüchten

RIBENA PLAKIYA |

FISCH NACH ART PLAKI

4 Port.

50 Min.

Leicht

Zutaten

4 mittelgroße Fischfilets (z. B. Karpfen, Barsch oder Dorade)
4 Tomaten, in Scheiben geschnitten
2 Zwiebeln, in Ringe geschnitten
3 Knoblauchzehen, fein gehackt
100 ml Olivenöl
100 ml Weißwein
Saft einer Zitrone
2 EL frische Petersilie, gehackt
1 TL getrockneter Oregano
Salz und frisch gemahlener schwarzer Pfeffer

Nährwerte p. P.

320 kcal
12 g Kohlenhydrate
18 g Fett
28 g Eiweiß

1 Heizen Sie den Ofen auf 200 °C (Ober- /Unterhitze) vor. Ölen Sie eine große, ofenfeste Form oder ein tiefes Backblech leicht ein.

2 Schichten Sie die Hälfte der Tomaten- und Zwiebelscheiben auf dem Boden der Form.

3 Legen Sie die Fischfilets auf das Gemüsebett. Verteilen Sie den gehackten Knoblauch gleichmäßig über dem Fisch.

4 Decken Sie die Fischfilets mit den restlichen Tomaten- und Zwiebelscheiben ab.

5 Beträufeln Sie das Ganze mit Olivenöl, Weißwein und Zitronensaft. Bestreuen Sie alles mit Oregano, Salz und Pfeffer.

6 Geben Sie die Form in den vorgeheizten Ofen und backen Sie den Fisch 30 Minuten lang oder bis die Fischfilets durchgegart und das Gemüse zart ist.

7 Nehmen Sie die Form aus dem Ofen und streuen Sie frische Petersilie über den fertigen Fisch.

MIDIA SKARA |

GEGRILLTE MIESMUSCHELN

4 Port.

30 Min.

Leicht

Zutaten

1 kg Miesmuscheln, gereinigt und entbartet
4 Knoblauchzehen, fein gehackt
100 ml Weißwein
2 EL Olivenöl
Saft einer Zitrone
Frischer Dill, grob gehackt
Frische Petersilie, grob gehackt
Salz und frisch gemahlener schwarzer Pfeffer

Nährwerte p. P.

180 kcal
10 g Kohlenhydrate
4 g Fett
20 g Eiweiß

1 Heizen Sie Ihren Grill auf hohe Temperatur vor oder stellen Sie eine Grillpfanne auf hohe Hitze.

2 Legen Sie die gereinigten Miesmuscheln in eine große Schüssel. Fügen Sie den gehackten Knoblauch, Olivenöl, Weißwein und Zitronensaft hinzu. Würzen Sie mit Salz und Pfeffer und mischen Sie alles gut durch.

3 Platzieren Sie die Miesmuscheln direkt auf dem Grill oder in der heißen Grillpfanne. Grillen Sie sie etwa 5 bis 7 Minuten oder bis sich die Schalen öffnen und das Muschelfleisch gar ist.

4 Entfernen Sie alle Muscheln, die sich nicht geöffnet haben, da diese nicht zum Verzehr geeignet sind.

5 Geben Sie die gegrillten Miesmuscheln in eine große Servierschüssel und bestreuen Sie sie mit dem gehackten Dill und der Petersilie.

TSATSA HARMANLIYSKI |

FISCHGERICHT AUS HARMANLI

4 Port.

40 Min.

Leicht

Zutaten

500 g Tsatsa (kleine Meeresfische), gereinigt und entgrätet
50 g Mehl
1 TL süßes Paprikapulver
1 TL getrockneter Oregano
2 Knoblauchzehen, fein gehackt
100 ml Sonnenblumenöl zum Frittieren
Saft einer Zitrone
Salz und frisch gemahlener schwarzer Pfeffer

Nährwerte p. P.

220 kcal
5 g Kohlenhydrate
12 g Fett
25 g Eiweiß

1 Waschen und trocknen Sie die Fische gründlich.

2 In einer flachen Schüssel vermischen Sie das Mehl, Paprikapulver, Oregano, Salz und Pfeffer. Wälzen Sie die Fische in dieser Mischung, bis sie gleichmäßig bedeckt sind.

3 Erhitzen Sie das Sonnenblumenöl in einer tiefen Pfanne über mittlerer Hitze. Geben Sie die mehlierten Fische in die heiße Pfanne und braten Sie sie von jeder Seite etwa 3 bis 4 Minuten oder bis sie goldbraun und knusprig sind.

4 Nehmen Sie die Fische aus der Pfanne und legen Sie sie auf Küchenpapier, um überschüssiges Öl abzutropfen.

5 Geben Sie die gehackten Knoblauchzehen in das verbliebene heiße Öl und braten Sie sie kurz an, bis sie aromatisch sind.

6 Verteilen Sie den Knoblauch gleichmäßig über die frittierten Fische.

7 Träufeln Sie Zitronensaft über die fertigen Fische, bevor Sie sie servieren.

RIBENO KEBAPCHE |

FISCHKEBAP

 4 Port.  25 Min.  Leicht

Zutaten

600 g festes Weißfischfilet (z. B. Kabeljau oder Seehecht), in große Würfel geschnitten
2 EL Olivenöl
1 TL geräuchertes Paprikapulver
1 TL getrockneter Thymian
1 TL Knoblauchpulver
Salz und frisch gemahlener schwarzer Pfeffer
Frische Zitronenspalten zum Servieren
Frische Kräuter wie Dill oder Petersilie zum Garnieren
Holz- oder Metallspieße

Nährwerte p. P.

280 kcal
0 g Kohlenhydrate
15 g Fett
35 g Eiweiß

1 Würzen Sie die Fischwürfel mit geräuchertem Paprikapulver, Thymian, Knoblauchpulver, Salz und Pfeffer. Träufeln Sie Olivenöl darüber und vermischen Sie alles gründlich, sodass der Fisch gleichmäßig gewürzt ist.

2 Lassen Sie den Fisch mindestens 10 Minuten marinieren, damit die Aromen gut einziehen können.

3 Fädeln Sie die marinierten Fischwürfel auf Metall- oder eingeweichte Holzspieße.

4 Erhitzen Sie eine Grillpfanne oder einen Grill auf mittlere bis hohe Hitze. Grillen Sie die Fischspieße etwa 3 bis 4 Minuten pro Seite oder bis der Fisch durchgegart ist und schöne Grillmarken aufweist.

5 Nehmen Sie die gegrillten Fischkebaps vom Grill und legen Sie sie auf eine Servierplatte.

6 Drücken Sie frische Zitronenspalten über die Fischkebaps und garnieren Sie sie mit frischen Kräutern.

RIBENA SKARA |

GEGRILLTER FISCH

4 Port.

30 Min.

Leicht

Zutaten

4 ganze Fische (z. B. Forelle oder Brasse), ausgenommen und geschuppt
4 EL Olivenöl
2 Zitronen, eine in Scheiben geschnitten, die andere zum Servieren
4 Zweige frischer Rosmarin
Salz und frisch gemahlener schwarzer Pfeffer
Zusätzliche Kräuter für die Garnierung (z. B. Dill oder Petersilie)

Nährwerte p. P.

310 kcal
0 g Kohlenhydrate
15 g Fett
40 g Eiweiß

1 Spülen Sie die Fische unter kaltem Wasser ab und tupfen Sie sie trocken.

2 Reiben Sie die Innenseite jedes Fisches mit Salz und Pfeffer ein und füllen Sie sie mit einigen Zitronenscheiben und einem Zweig Rosmarin.

3 Bestreichen Sie die Außenseiten der Fische leicht mit Olivenöl, um ein Anhaften am Grill zu verhindern.

4 Heizen Sie Ihren Grill auf hohe Hitze vor.

5 Legen Sie die Fische direkt auf den Grillrost und grillen Sie sie etwa 5 bis 7 Minuten pro Seite, abhängig von ihrer Größe und Dicke, bis die Haut knusprig und das Fleisch leicht mit einer Gabel zu trennen ist.

6 Achten Sie darauf, die Fische vorsichtig zu wenden, um ein Zerbrechen zu vermeiden.

7 Nehmen Sie die gegrillten Fische vom Grill und drücken Sie etwas frischen Zitronensaft darüber und garnieren Sie sie mit frischen Kräutern, idealerweise Dill oder Petersilie.

SARDELES NA SKARA |

GEGRILLTE SARDINEN

 4 Port.
 20 Min.
 Leicht

Zutaten

16 frische Sardinen, ausgenommen und geschuppt
4 EL Olivenöl
Saft von 2 Zitronen
4 Knoblauchzehen, fein gehackt
2 EL frischer Oregano, gehackt
Salz und frisch gemahlener schwarzer Pfeffer
Zusätzliche Zitronenscheiben zum Servieren

Nährwerte p. P.

290 kcal
0 g Kohlenhydrate
20 g Fett
25 g Eiweiß

1 Spülen Sie die Sardinen unter kaltem Wasser ab und tupfen Sie sie trocken.

2 In einer kleinen Schüssel vermischen Sie das Olivenöl, Zitronensaft, gehackten Knoblauch und Oregano. Würzen Sie die Marinade mit Salz und Pfeffer.

3 Legen Sie die Sardinen in eine flache Schale und gießen Sie die Marinade darüber. Stellen Sie sicher, dass die Fische gleichmäßig bedeckt sind. Lassen Sie die Sardinen 10 Minuten marinieren.

4 Heizen Sie Ihren Grill auf hohe Temperatur vor.

5 Legen Sie die marinierten Sardinen auf den Grill und grillen Sie sie etwa 2 bis 3 Minuten pro Seite, bis die Haut knusprig und das Fleisch zart ist.

6 Beachten Sie beim Grillen, dass frische Sardinen schnell garen und daher nicht zu lange auf dem Grill bleiben sollten.

7 Servieren Sie die Sardinen mit frischen Zitronenscheiben.

KALMARI S MASLINI |

TINTENFISCH MIT OLIVEN

4 Port.

45 Min.

Mittel

Zutaten

800 g Tintenfisch, gereinigt und in Ringe oder Streifen geschnitten
150 g grüne Oliven, entkernt und halbiert
4 reife Tomaten, gewürfelt
1 große Zwiebel, fein gewürfelt
3 Knoblauchzehen, fein gehackt
100 ml trockener Weißwein
2 EL Olivenöl
Saft einer Zitrone
1 TL getrockneter Thymian
Frische Petersilie, gehackt
Salz und frisch gemahlener schwarzer Pfeffer

Nährwerte p. P.

320 kcal
10 g Kohlenhydrate
18 g Fett
30 g Eiweiß

1 Bereiten Sie die Tintenfischringe vor und trocknen Sie sie gut ab, um überschüssige Feuchtigkeit zu entfernen. Halbieren Sie die Oliven und würfeln Sie die Tomaten und die Zwiebel. Hacken Sie den Knoblauch fein.

2 Erhitzen Sie das Olivenöl in einer tiefen Pfanne oder einem breiten Topf bei mittlerer Hitze. Geben Sie die Zwiebel und den Knoblauch in die Pfanne und dünsten Sie sie, bis sie weich und leicht golden sind.

3 Erhöhen Sie die Hitze leicht und fügen Sie die Tintenfischringe hinzu. Braten Sie sie schnell an, bis sie gerade beginnen, fest zu werden, etwa 2 bis 3 Minuten.

4 Fügen Sie die Tomaten und Oliven hinzu. Rühren Sie um und lassen Sie alles für etwa 5 Minuten köcheln, sodass die Tomaten Saft abgeben und sich eine Soße zu bilden beginnt.

5 Gießen Sie den Weißwein dazu und lassen Sie die Flüssigkeit bei mittlerer Hitze reduzieren. Dies sollte etwa 5 weitere Minuten dauern. Würzen Sie das Gericht mit Thymian, Salz und Pfeffer. Lassen Sie alles zusammen für weitere 10 Minuten köcheln, bis der Tintenfisch vollständig zart ist und die Aromen sich verbunden haben.

6 Kurz vor dem Servieren über den Tintenfisch Zitronensaft geben, um die Aromen aufzufrischen. Verteilen Sie den Tintenfisch mit Oliven auf Vorwärmteller und bestreuen Sie das Gericht mit frisch gehackter Petersilie.

RIBNO KAVARMA |

FISCHSCHMORGERICHT

4 Port.

1 Std.

Mittel

Zutaten

600 g festes Weißfischfilet (z. B. Kabeljau oder Seelachs), in große Stücke geschnitten
2 große Zwiebeln, in Halbringe geschnitten
1 rote Paprika, in Streifen geschnitten
1 grüne Paprika, in Streifen geschnitten
2 Tomaten, gewürfelt
4 Knoblauchzehen, fein gehackt
100 ml trockener Weißwein
200 ml Fischbrühe
2 EL Olivenöl
1 TL Paprikapulver
½ TL getrockneter Thymian
Salz und frisch gemahlener schwarzer Pfeffer

Nährwerte p. P.

350 kcal
12 g Kohlenhydrate
18 g Fett
30 g Eiweiß

1 Erhitzen Sie das Olivenöl in einem großen Schmortopf oder einer tiefen Pfanne.

2 Sautieren Sie die Zwiebeln und den Knoblauch, bis sie weich und leicht golden sind. Fügen Sie die Paprikastreifen hinzu und braten Sie sie einige Minuten an, bis sie weich werden.

3 Streuen Sie das Paprikapulver über das Gemüse und rühren Sie um, um es gleichmäßig zu verteilen.

4 Geben Sie die Tomatenwürfel hinzu und kochen Sie die Mischung einige Minuten, bis die Tomaten zu zerfallen beginnen.

5 Platzieren Sie die Fischstücke auf dem Gemüsebett. Gießen Sie den Weißwein und die Fischbrühe darüber. Würzen Sie das Gericht mit Thymian, Salz und Pfeffer.

6 Decken Sie den Topf ab und lassen Sie alles bei niedriger Hitze etwa 25 bis 30 Minuten köcheln, bis der Fisch gar ist und die Aromen sich verbunden haben.

7 Überprüfen Sie gelegentlich die Flüssigkeit und fügen Sie bei Bedarf etwas mehr Brühe oder Wein hinzu, um das Austrocknen zu verhindern.

PALAMUD NA SKARA |

GEGRILLTER BONITO

4 Port.

25 Min.

Leicht

Zutaten

4 Bonito-Fischfilets (je ca. 200 g)
2 EL Olivenöl
Saft einer Zitrone
2 Knoblauchzehen, fein gehackt
1 TL getrockneter Oregano
Salz und frisch gemahlener schwarzer Pfeffer
Frische Kräuter wie Petersilie oder Dill zum Garnieren
Zitronenscheiben zum Servieren

Nährwerte p. P.

310 kcal
0 g Kohlenhydrate
14 g Fett
44 g Eiweiß

1 Trocknen Sie die Bonito-Fischfilets sorgfältig mit Küchenpapier ab.

2 In einer kleinen Schüssel verquirlen Sie Olivenöl, Zitronensaft, gehackten Knoblauch und Oregano zu einer Marinade. Würzen Sie die Marinade mit Salz und Pfeffer.

3 Reiben Sie die Fischfilets auf beiden Seiten gründlich mit der Marinade ein. Lassen Sie den Fisch etwa 10 Minuten lang marinieren, um die Aromen aufzunehmen.

4 Heizen Sie Ihren Grill auf hohe Temperatur vor.

5 Grillen Sie die Bonito-Filets etwa 3 bis 4 Minuten pro Seite, abhängig von der Dicke der Filets, bis sie gut durchgegart sind und schöne Grillmarken aufweisen.

6 Während des Grillens können Sie die Filets einmal mit der übrig gebliebenen Marinade bestreichen, um zusätzliche Feuchtigkeit und Geschmack zu verleihen.

7 Nehmen Sie die Filets vom Grill und lassen Sie sie kurz ruhen.

8 Servieren Sie den gegrillten Bonito garniert mit frischen Kräutern und Zitronenscheiben.

SKUMRIYA NA FORNO | GEBACKENE MAKRELE

4 Port.

40 Min.

Leicht

Zutaten

4 frische Makrelen, ausgenommen und geschuppt
4 EL Olivenöl
2 Zitronen, eine in Scheiben geschnitten, die andere zum Servieren
4 Knoblauchzehen, in dünne Scheiben geschnitten
1 Bund frischer Thymian
Salz und frisch gemahlener schwarzer Pfeffer

Nährwerte p. P.

360 kcal
0 g Kohlenhydrate
25 g Fett
31 g Eiweiß

1 Reinigen Sie die Makrelen und tupfen Sie sie trocken. Schneiden Sie entlang des Rückens jeweils eine flache Tasche, um die Kräuter und Gewürze einfüllen zu können. Streuen Sie innen und außen der Fische Salz und Pfeffer.

2 Füllen Sie die Bauchtaschen jeder Makrele mit Zitronenscheiben, Knoblauchscheiben und frischem Thymian.

3 Träufeln Sie Olivenöl über die Makrelen und reiben Sie es sanft in die Haut ein, um ein gutes Anbraten zu gewährleisten.

4 Heizen Sie den Ofen auf 200 °C (Ober-/Unterhitze) vor.

5 Legen Sie die vorbereiteten Makrelen auf ein mit Backpapier ausgelegtes Backblech.

6 Backen Sie die Makrelen im vorgeheizten Ofen etwa 20 bis 25 Minuten lang oder bis die Haut knusprig und das Fleisch leicht zu durchtrennen ist.

7 Beachten Sie, dass die genaue Garzeit je nach Größe und Dicke der Fische variieren kann.

Vegetarische Hauptgerichte

CHUSHKI BUREK |

GEFÜLLTE PAPRIKA MIT EI UND KÄSE

4 Port.

50 Min.

Leicht

Zutaten

4 große rote Paprika, halbiert und entkernt
4 Eier
200 g Feta-Käse, zerbröckelt
2 EL frische Petersilie, gehackt
1 EL frischer Dill, gehackt
2 Knoblauchzehen, fein gehackt
4 EL Olivenöl
Salz und frisch gemahlener schwarzer Pfeffer

Nährwerte p. P.

340 kcal
15 g Kohlenhydrate
22 g Fett
18 g Eiweiß

1 Heizen Sie Ihren Ofen auf 190 °C (Ober-/Unterhitze) vor.

2 Legen Sie die Paprikahälften mit der Schnittfläche nach oben auf ein mit Backpapier ausgelegtes Backblech.

3 Träufeln Sie etwas Olivenöl über jede Paprikahälfte und würzen Sie sie mit Salz und Pfeffer.

4 Backen Sie die Paprikahälften vor, bis sie weich sind, etwa 15 bis 20 Minuten.

5 Währenddessen vermischen Sie in einer Schüssel den zerbröckelten Feta mit Petersilie, Dill und Knoblauch.

6 Nehmen Sie die vorgebackenen Paprikahälften aus dem Ofen. Füllen Sie jede Paprikahälfte mit der Feta-Kräutermischung.

7 Schlagen Sie vorsichtig 1 Ei über jede gefüllte Paprikahälfte, achten Sie darauf, dass das Eigelb intakt bleibt.

8 Geben Sie die Paprika zurück in den Ofen und backen Sie sie weiter, bis das Eiweiß gestockt und das Eigelb noch leicht flüssig ist, etwa 10 bis 15 Minuten.

9 Beobachten Sie die Paprika gegen Ende der Backzeit genau, um sicherzustellen, dass die Eier nach Ihrem Geschmack gegart sind.

MISIRKA |

POLENTAGERICHT MIT FETA-KÄSE

4 Port.

35 Min.

Leicht

Zutaten

200 g Polenta (Maisgrieß)
800 ml Wasser
1 TL Salz
100 g Feta-Käse, zerbröckelt
2 EL Butter
Frische Kräuter wie Petersilie oder Schnittlauch, gehackt
Frisch gemahlener schwarzer Pfeffer

Nährwerte p. P.

300 kcal
45 g Kohlenhydrate
8 g Fett
12 g Eiweiß

1 Bringen Sie das Wasser in einem mittelgroßen Topf zum Kochen. Fügen Sie das Salz hinzu.

2 Geben Sie die Polenta langsam unter ständigem Rühren in das kochende Wasser. Reduzieren Sie die Hitze auf niedrig und lassen Sie die Polenta unter gelegentlichem Rühren 15 bis 20 Minuten köcheln, bis sie dick und cremig ist.

3 Nehmen Sie den Topf vom Herd und rühren Sie die Butter und den zerbröckelten Feta-Käse unter die Polenta, bis der Käse leicht geschmolzen und die Polenta geschmeidig ist.

4 Würzen Sie mit frisch gemahlenem schwarzen Pfeffer und rühren Sie die gehackten frischen Kräuter unter.

5 Verteilen Sie die Polenta in einer Servierschüssel oder auf einzelnen Tellern.

SIRENE PO SHOPSKI |
SCHAFSKÄSE IM TONTOPF GEBACKEN

4 Port.

30 Min.

Leicht

Zutaten

400 g Schafskäse, in Würfel geschnitten
2 Tomaten, in Scheiben geschnitten
1 grüne Paprika, in Ringe geschnitten
2 rote Zwiebeln, in Ringe geschnitten
2 Knoblauchzehen, fein gehackt
4 Eier
2 EL Butter
Frische Kräuter wie Petersilie, gehackt
Salz und frisch gemahlener schwarzer Pfeffer
4 kleine Tontöpfe oder eine große Auflaufform

Nährwerte p. P.

420 kcal
6 g Kohlenhydrate
34 g Fett
22 g Eiweiß

1 Heizen Sie Ihren Ofen auf 200 °C (Ober-/Unterhitze) vor.

2 Buttern Sie die Tontöpfe oder die Auflaufform leicht ein.

3 Schichten Sie den Schafskäse, Tomatenscheiben, Paprikaringe und Zwiebelringe gleichmäßig in den vorbereiteten Tontöpfen.

4 Streuen Sie den gehackten Knoblauch und die frischen Kräuter über die Schichten.

5 Geben Sie jeweils ein wenig Butter auf die oberste Schicht und würzen Sie mit Salz und Pfeffer.

6 Backen Sie die Tontöpfe im vorgeheizten Ofen für etwa 15 Minuten, bis das Gemüse weich ist und der Käse zu schmelzen beginnt.

7 Nehmen Sie die Tontöpfe kurz aus dem Ofen und schlagen Sie vorsichtig je 1 Ei über den Inhalt jedes Topfes.

8 Setzen Sie die Tontöpfe zurück in den Ofen und backen Sie weiter, bis die Eier gestockt sind, etwa 10 bis 15 Minuten.

9 Servieren Sie den Sirene po Shopski heiß direkt aus dem Tontopf.

PATATNIK |

KARTOFFELGERICHT AUS DEN RHODOPEN

4 Port.

1 Std. 10 Min.

Mittel

Zutaten

1 kg Kartoffeln, gerieben und Wasser ausgepresst
1 große Zwiebel, fein gehackt
2 EL frische Minze, gehackt
100 g Schafskäse, zerbröckelt
2 Eier, geschlagen
3 EL Mehl
100 ml Sonnenblumenöl
Salz und frisch gemahlener schwarzer Pfeffer

Optional:
Etwas saure Sahne zur Garnierung

Nährwerte p. P.

350 kcal
45 g Kohlenhydrate
15 g Fett
8 g Eiweiß

1 Heizen Sie Ihren Ofen auf 180 °C (Ober-/Unterhitze) vor. Vermischen Sie in einer großen Schüssel die geriebenen Kartoffeln, gehackte Zwiebel, Minze, zerbröckelten Schafskäse, geschlagene Eier und Mehl. Würzen Sie die Masse mit Salz und Pfeffer.

2 Arbeiten Sie die Zutaten gründlich durch, bis alles gut verbunden ist. Erhitzen Sie das Sonnenblumenöl in einer großen, ofenfesten Pfanne über mittlerer Hitze.

3 Geben Sie die Kartoffelmischung in die Pfanne und drücken Sie sie fest an, damit sie gleichmäßig verteilt ist.

4 Braten Sie den Patatnik für etwa 10 Minuten an, bis die Unterseite golden und knusprig ist.

5 Stellen Sie die Pfanne in den vorgeheizten Ofen und backen Sie den Patatnik für etwa 50 Minuten oder bis die Oberseite goldbraun und knusprig ist.

6 Nehmen Sie die Pfanne aus dem Ofen und lassen Sie den Patatnik kurz abkühlen, bevor Sie ihn in Stücke schneiden und servieren.

7 Servieren Sie den Patatnik heiß und garnieren Sie ihn optional mit einem Klecks saurer Sahne.

BYUREK S LEEK |

LAUCH-PASTETE

4 Port.

1 Std.

Mittel

Zutaten

500 g Blätterteig, aufgetaut
3 große Stangen Lauch, gründlich gereinigt und in dünne Ringe geschnitten
200 g Feta-Käse, zerbröckelt
2 Eier, geschlagen
50 ml Olivenöl
Salz und frisch gemahlener schwarzer Pfeffer
1 Eigelb zum Bestreichen

Nährwerte p. P.

290 kcal
35 g Kohlenhydrate
14 g Fett
6 g Eiweiß

1 Stellen Sie die Ofentemperatur auf 200 °C (Ober-/Unterhitze) ein, um den Ofen vorzuwärmen.

2 In einer Pfanne auf mittlerer Stufe das Olivenöl erwärmen. Geben Sie den Lauch hinzu und dünsten Sie ihn, bis er weich und leicht goldbraun ist, was ungefähr 10 bis 15 Minuten dauert. Lassen Sie den Lauch anschließend etwas abkühlen.

3 In einer großen Schüssel mischen Sie den abgekühlten Lauch mit zerbröckeltem Feta-Käse und den geschlagenen Eiern. Würzen Sie die Füllung mit Salz und Pfeffer nach Geschmack.

4 Rollen Sie den Blätterteig auf einer leicht bemehlten Fläche aus. Schneiden Sie ihn in vier Rechtecke.

5 Verteilen Sie die Lauch-Käse-Füllung gleichmäßig auf einer Hälfte jedes Teigrechtecks, lassen Sie dabei einen Rand für das Verschließen frei.

6 Klappen Sie die andere Hälfte des Teigs über die Füllung und drücken Sie die Ränder mit einer Gabel fest zusammen, um sie zu versiegeln. Bestreichen Sie die Oberfläche der Pasteten mit dem verquirlten Eigelb.

7 Legen Sie die Pasteten auf ein mit Backpapier ausgelegtes Backblech. Backen Sie die Pasteten 25 bis 30 Minuten im vorgeheizten Ofen, bis sie goldbraun und aufgegangen sind.

GYUVECH BEZ MESO |

GEMÜSEEINTOPF MIT EI UND KÄSE

4 Port.

1 Std.

Mittel

Zutaten

2 mittelgroße Kartoffeln, gewürfelt
1 große Zucchini, gewürfelt
Je 1 rote und gelbe Paprika, gewürfelt
1 große Zwiebel, gewürfelt
3 Knoblauchzehen, fein gehackt
200 g Champignons, geviertelt
4 Eier
100 g Feta-Käse, zerbröckelt
500 ml Gemüsebrühe
2 EL Olivenöl
1 TL Paprikapulver
Salz und frisch gemahlener schwarzer Pfeffer
Frische Kräuter wie Petersilie oder Dill, gehackt

Nährwerte p. P.

320 kcal
30 g Kohlenhydrate
18 g Fett
12 g Eiweiß

1 Stellen Sie den Ofen auf 180 °C (Ober- /Unterhitze) ein. Erwärmen Sie das Olivenöl in einem großen ofenfesten Topf oder einer tiefen Pfanne. Sautieren Sie Zwiebeln und Knoblauch darin, bis sie weich und transparent sind.

2 Fügen Sie Kartoffeln, Zucchini, rote und gelbe Paprika sowie Champignons hinzu. Kochen Sie alles für einige Minuten, bis das Gemüse leicht angebraten ist.

3 Streuen Sie Paprikapulver über das Gemüse, rühren Sie um und gießen Sie dann die Gemüsebrühe dazu. Würzen Sie mit Salz und Pfeffer.

4 Lassen Sie den Gyuvech aufkochen, dann reduzieren Sie die Hitze und lassen alles 20 Minuten köcheln oder bis das Gemüse fast weich ist. Streuen Sie den zerbröckelten Feta über das Gemüse.

5 Schlagen Sie vorsichtig die Eier auf und geben Sie sie direkt über das Gemüse und den Käse.

6 Setzen Sie den Topf oder die Pfanne in den Ofen und backen Sie alles weitere 10 bis 15 Minuten, bis die Eier gestockt sind.

7 Nehmen Sie den Gyuvech aus dem Ofen und bestreuen Sie ihn mit frischen Kräutern.

SPANAK S ORIZ |

SPINAT MIT REIS UND EI

4 Port.

45 Min.

Leicht

Zutaten

300 g frischer Spinat, gründlich gewaschen und grob gehackt
200 g Reis
4 große Eier
1 große Zwiebel, fein gehackt
2 Knoblauchzehen, fein gehackt
500 ml Gemüsebrühe
2 EL Olivenöl
Salz und frisch gemahlener schwarzer Pfeffer

Nährwerte p. P.

280 kcal
40 g Kohlenhydrate
8 g Fett
12 g Eiweiß

1 Erwärmen Sie das Olivenöl in einer großen Pfanne oder einem tiefen Topf über mittlerer Hitze.

2 Geben Sie die gehackte Zwiebel und den Knoblauch hinzu und dünsten Sie beides, bis sie weich und leicht golden sind.

3 Fügen Sie den Reis hinzu und rösten Sie ihn kurz an, bis er leicht glasig ist.

4 Gießen Sie die Gemüsebrühe dazu, bringen Sie die Mischung zum Kochen und lassen Sie sie dann auf niedriger Hitze 15 Minuten köcheln, bis der Reis fast gar ist.

5 Rühren Sie den gehackten Spinat unter und kochen Sie alles weitere 5 Minuten, bis der Spinat welk und der Reis vollständig gegart ist.

6 Machen Sie vier kleine Mulden im Reis und schlagen Sie jeweils 1 Ei in jede Mulde.

7 Decken Sie die Pfanne ab und lassen Sie alles weitere 5 bis 7 Minuten köcheln, bis die Eier die gewünschte Konsistenz erreicht haben.

8 Mit Salz und Pfeffer abschmecken.

TIKVENIK |

KÜRBISPASTETE

6 Port.

1 Std. 20 Min.

Mittel

Zutaten

500 g frischer Kürbis, gerieben
1 Packung Blätterteig, aufgetaut
150 g Zucker
1 TL Zimt
½ TL gemahlener Muskat
50 g Walnüsse, grob gehackt
2 EL Semmelbrösel
60 ml Pflanzenöl
Puderzucker zum Bestäuben

Nährwerte p. P.

280 kcal
45 g Kohlenhydrate
10 g Fett
5 g Eiweiß

1 Stellen Sie die Ofentemperatur auf 180 °C (Ober-/Unterhitze) ein.

2 Mischen Sie in einer großen Schüssel den geriebenen Kürbis mit Zucker, Zimt und Muskat. Lassen Sie die Mischung 10 Minuten stehen, damit der Kürbis Saft ziehen kann.

3 Rollen Sie den Blätterteig auf einer leicht bemehlten Oberfläche zu einem großen Rechteck aus.

4 Verteilen Sie die Kürbismischung gleichmäßig über den Teig. Bestreuen Sie die Oberfläche mit Walnüssen und Semmelbröseln.

5 Rollen Sie den Teig vorsichtig von der langen Seite her zu einer festen Rolle auf. Schneiden Sie die Rolle in 5 bis 6 gleich große Stücke.

6 Legen Sie die Stücke mit der Schnittfläche nach oben auf ein mit Backpapier ausgelegtes Backblech. Bestreichen Sie die Oberfläche der Pasteten leicht mit Pflanzenöl.

7 Backen Sie den Tikvenik 40 bis 45 Minuten im vorgeheizten Ofen, bis die Pasteten goldbraun und durchgebacken sind.

8 Lassen Sie die Pasteten vor dem Servieren einige Minuten abkühlen und bestäuben Sie sie dann leicht mit Puderzucker.

Vegane Hauptgerichte

ORIZ S ZELENCHUCI |

REIS MIT GEMÜSE

4 Port.

35 Min.

Leicht

Zutaten

200 g Basmatireis
400 ml Gemüsebrühe
1 mittelgroße Zucchini, gewürfelt
Je 1 rote und gelbe Paprika, gewürfelt
1 große Karotte, gewürfelt
1 Zwiebel, fein gehackt
2 Knoblauchzehen, fein gehackt
2 EL Olivenöl
1 TL Kurkuma
½ TL Paprikapulver
Salz und frisch gemahlener schwarzer Pfeffer
Frische Kräuter wie Petersilie oder Koriander zum Garnieren

Nährwerte p. P.

220 kcal
45 g Kohlenhydrate
3 g Fett
5 g Eiweiß

1 Erwärmen Sie das Olivenöl in einem großen Topf über mittlerer Hitze. Geben Sie die gehackte Zwiebel und den Knoblauch hinzu und dünsten Sie sie, bis sie weich und duftend sind.

2 Fügen Sie die Karotte, Zucchini und beide Paprikasorten hinzu. Kochen Sie das Gemüse unter gelegentlichem Rühren etwa 5 Minuten, bis es leicht weich wird.

3 Streuen Sie Kurkuma und Paprikapulver über das Gemüse und rühren Sie gut um, um die Gewürze gleichmäßig zu verteilen.

4 Rühren Sie den Reis unter das Gemüse, bis er gut mit dem Öl und den Gewürzen beschichtet ist.

5 Gießen Sie die Gemüsebrühe dazu und bringen Sie alles zum Kochen.

6 Reduzieren Sie die Hitze, decken Sie den Topf ab und lassen Sie den Reis 15 bis 20 Minuten köcheln oder bis er das gesamte Wasser aufgenommen hat und weich ist.

7 Nehmen Sie den Topf vom Herd und lassen Sie den Reis 5 Minuten ruhen, bevor Sie ihn auflockern.

8 Schmecken Sie den Reis mit Salz und Pfeffer ab und rühren Sie frische Kräuter unter.

ZELEN FASULYE |
GRÜNE BOHNEN IN TOMATENSOẞE

4 Port.

40 Min.

Leicht

Zutaten

500 g grüne Bohnen, geputzt und halbiert
2 Dosen gehackte Tomaten (à 400 g)
1 große Zwiebel, fein gewürfelt
3 Knoblauchzehen, fein gehackt
2 EL Olivenöl
1 TL getrockneter Thymian
½ TL getrockneter Rosmarin
Salz und frisch gemahlener schwarzer Pfeffer
Frisches Basilikum zum Garnieren

Nährwerte p. P.

160 kcal
20 g Kohlenhydrate
7 g Fett
4 g Eiweiß

1 Erwärmen Sie das Olivenöl in einer großen Pfanne oder einem Topf über mittlerer Hitze.

2 Fügen Sie die gewürfelte Zwiebel und den gehackten Knoblauch hinzu. Dünsten Sie beides, bis die Zwiebel durchsichtig und weich wird.

3 Geben Sie die grünen Bohnen hinzu und rösten Sie sie kurz mit, um sie leicht anzubraten.

4 Streuen Sie Thymian und Rosmarin darüber und rühren Sie alles gut durch, um die Gewürze gleichmäßig zu verteilen.

5 Gießen Sie die gehackten Tomaten dazu und mischen Sie alles gründlich.

6 Lassen Sie die Soße aufkochen, reduzieren Sie dann die Hitze und lassen Sie die Bohnen 25 bis 30 Minuten köcheln oder bis sie zart sind und die Soße eingedickt ist.

7 Würzen Sie mit Salz und Pfeffer nach Geschmack und garnieren Sie das Gericht zum Abschluss mit Basilikum.

PATLADZHAN YAKHNI |

GESCHMORTER AUBERGINENEINTOPF

4 Port.

1 Std.

Mittel

Zutaten

3 mittelgroße Auberginen, in Würfel geschnitten
2 große Tomaten, gewürfelt
1 Zwiebel, fein gewürfelt
3 Knoblauchzehen, fein gehackt
1 rote Paprika, gewürfelt
400 ml Gemüsebrühe
2 EL Olivenöl
1 TL getrockneter Oregano
½ TL getrockneter Thymian
Salz und frisch gemahlener schwarzer Pfeffer
Frische Petersilie, gehackt, zum Garnieren

Nährwerte p. P.

180 kcal
20 g Kohlenhydrate
10 g Fett
4 g Eiweiß

1 Erhitzen Sie das Olivenöl in einem großen Topf oder einer tiefen Pfanne über mittlerer Hitze.

2 Geben Sie die Zwiebel und den Knoblauch in den Topf und dünsten Sie sie, bis sie weich und duftend sind.

3 Fügen Sie die Auberginen und rote Paprika hinzu und braten Sie alles einige Minuten an, bis die Auberginen leicht gebräunt sind.

4 Streuen Sie Oregano und Thymian über das Gemüse und rühren Sie um, um die Gewürze gleichmäßig zu verteilen.

5 Geben Sie die Tomaten und Gemüsebrühe hinzu. Rühren Sie alles gut um und bringen Sie den Eintopf zum Köcheln.

6 Decken Sie den Topf ab und lassen Sie das Gemüse bei niedriger Hitze 40 bis 45 Minuten schmoren, bis die Auberginen vollständig weich und die Soße eingedickt ist.

7 Schmecken Sie den Eintopf mit Salz und Pfeffer ab. Servieren Sie den Aubergineneintopf garniert mit frischer Petersilie.

CHUSHKI S BOB |
GEFÜLLTE PAPRIKA MIT BOHNEN

4 Port.

1 Std.

Mittel

Zutaten

4 große rote Paprikaschoten, halbiert und entkernt
400 g weiße Bohnen (gekocht oder aus der Dose), abgespült und abgetropft
1 Zwiebel, fein gewürfelt
2 Knoblauchzehen, fein gehackt
2 Tomaten, gewürfelt
2 EL Olivenöl
1 TL Kreuzkümmel
½ TL Paprikapulver
Salz und frisch gemahlener schwarzer Pfeffer

Nährwerte p. P.

230 kcal
35 g Kohlenhydrate
5 g Fett
8 g Eiweiß

1 Erwärmen Sie das Olivenöl in einer Pfanne über mittlerer Hitze. Fügen Sie die Zwiebel und den Knoblauch hinzu und dünsten Sie sie, bis sie weich und leicht golden sind.

2 Geben Sie die gewürfelten Tomaten, Kreuzkümmel und Paprikapulver hinzu und kochen Sie die Mischung für etwa 5 Minuten, bis die Tomaten weich geworden sind.

3 Rühren Sie die weißen Bohnen unter und kochen Sie alles weitere 5 Minuten. Nehmen Sie die Pfanne dann vom Herd und würzen Sie die Füllung mit Salz und Pfeffer.

4 Füllen Sie die halbierten Paprikaschoten gleichmäßig mit der Bohnenmischung.

5 Stellen Sie die gefüllten Paprika in eine Auflaufform und geben Sie einen kleinen Schuss Wasser hinzu, um ein Anbrennen zu verhindern.

6 Decken Sie die Form mit Alufolie ab und backen Sie die Paprika bei 180 °C im vorgeheizten Ofen für etwa 30 Minuten. Entfernen Sie die Folie und backen Sie sie weitere 10 Minuten, bis die Paprika weich und die Oberseite leicht gebräunt ist.

DOMATEN PILAF |

TOMATENREIS

4 Port.

40 Min.

Leicht

Zutaten

250 g Basmatireis
500 ml passierte Tomaten
1 große Zwiebel, fein gehackt
2 Knoblauchzehen, fein gehackt
1 TL getrocknetes Basilikum
½ TL getrockneter Oregano
2 EL Olivenöl
Salz und frisch gemahlener schwarzer Pfeffer
Frische Basilikumblätter zum Garnieren

Optional:
¼ TL Chiliflocken

Nährwerte p. P.

250 kcal
50 g Kohlenhydrate
3 g Fett
6 g Eiweiß

1 Erhitzen Sie das Olivenöl in einem großen Topf über mittlerer Hitze. Geben Sie die gehackte Zwiebel und den Knoblauch in den Topf und sautieren Sie beides, bis die Zwiebel weich und transparent ist.

2 Fügen Sie den Reis hinzu und rösten Sie ihn kurz mit, bis er leicht glasig erscheint.

3 Gießen Sie die passierten Tomaten dazu und rühren Sie gut um.

4 Würzen Sie die Mischung mit Basilikum, Oregano, Chiliflocken sowie Salz und Pfeffer.

5 Lassen Sie den Pilaf aufkochen, reduzieren Sie dann die Hitze, decken Sie den Topf ab und lassen Sie alles 20 Minuten köcheln oder bis der Reis das gesamte Wasser aufgenommen hat und weich ist.

6 Entfernen Sie den Topf vom Herd und lassen Sie den Pilaf 5 Minuten ruhen, bevor Sie ihn mit einer Gabel auflockern.

7 Richten Sie den Tomatenreis heiß an und garnieren Sie ihn mit frischen Basilikumblättern.

KISELO ZELJE S GRA |

SAUERKRAUT MIT ERBSEN

4 Port.

35 Min.

Leicht

Zutaten

500 g Sauerkraut, gut abgetropft
200 g grüne Erbsen, frisch oder gefroren
1 große Zwiebel, fein gewürfelt
2 Knoblauchzehen, fein gehackt
1 Lorbeerblatt
1 TL Kümmel
2 EL Pflanzenöl
250 ml Gemüsebrühe
Salz und frisch gemahlener schwarzer Pfeffer

Nährwerte p. P.

180 kcal
25 g Kohlenhydrate
5 g Fett
8 g Eiweiß

1 Erhitzen Sie das Pflanzenöl in einem ausreichend großen Topf über mittlerer Hitze. Fügen Sie die Zwiebel hinzu und braten Sie sie an, bis sie transparent und weich wird. Dies dauert in der Regel 3 bis 4 Minuten. Geben Sie die Knoblauchzehen hinzu und sautieren Sie sie weitere 1 bis 2 Minuten, achten Sie darauf, dass der Knoblauch nicht verbrennt, um einen bitteren Geschmack zu vermeiden.

2 Streuen Sie den Kümmel über die Zwiebel- und Knoblauchmischung und lassen Sie die Gewürze kurz aufkochen, um ihre Aromen freizusetzen. Fügen Sie das Sauerkraut hinzu und mischen Sie es gründlich mit den Zwiebeln, dem Knoblauch und den Gewürzen. Lassen Sie das Sauerkraut 2 bis 3 Minuten kochen, damit es beginnt, seine Flüssigkeit abzugeben und die Aromen sich vermischen. Geben Sie die grünen Erbsen und das Lorbeerblatt hinzu. Rühren Sie um, um alle Zutaten gleichmäßig zu verteilen.

3 Gießen Sie die Gemüsebrühe in den Topf. Die Brühe sollte ausreichend sein, um das Gemüse während des Kochens zu bedecken. Bringen Sie den Inhalt zum Kochen. Reduzieren Sie die Hitze auf niedrig und lassen Sie Ihr Gericht zugedeckt etwa 25 Minuten lang köcheln. Überprüfen Sie zwischendurch, ob zusätzliche Flüssigkeit benötigt wird und ob das Sauerkraut und die Erbsen die gewünschte Konsistenz erreicht haben.

4 Entfernen Sie nach dem Kochen das Lorbeerblatt und schmecken Sie das Gericht mit Salz und frisch gemahlenem schwarzen Pfeffer nach Geschmack ab. Rühren Sie alles gut um, um die Gewürze gleichmäßig zu verteilen.

SELSKA MUSAKA |

BAUERNMOUSSAKA MIT PILZEN

6 Port.

1 Std. 10 Min.

Mittel

Zutaten

500 g Champignons, in Scheiben geschnitten
3 große Kartoffeln, geschält und in dünne Scheiben geschnitten
1 große Zwiebel, gehackt
2 Knoblauchzehen, fein gehackt
1 rote Paprika, gewürfelt
400 g gehackte Tomaten aus der Dose
2 EL Olivenöl
1 TL getrockneter Oregano
1 TL Paprikapulver
Salz und schwarzer Pfeffer nach Geschmack
200 ml Gemüsebrühe
2 EL frische Petersilie, gehackt

Nährwerte p. P.

220 kcal
30 g Kohlenhydrate
10 g Fett
6 g Eiweiß

1 Beginnen Sie damit, Ihren Ofen auf 190 °C (Ober-/Unterhitze) zu erwärmen. Während der Ofen vorheizt, erhitzen Sie das Olivenöl in einer großen Pfanne über mittlerer Hitze. Fügen Sie Zwiebel, Knoblauch und Paprika hinzu und lassen Sie alles für etwa 5 Minuten sautieren, bis die Zwiebeln glasig und weich sind.

2 Fügen Sie die geschnittenen Champignons hinzu und lassen Sie diese mit dem anderen Gemüse für weitere 5 Minuten kochen, dabei gelegentlich umrühren, bis die Pilze ihre Flüssigkeit freigesetzt haben und zu schrumpfen beginnen.

3 Würzen Sie die Pilzmischung mit Oregano, Paprikapulver sowie einer guten Prise Salz und schwarzem Pfeffer. Integrieren Sie dann die gehackten Tomaten und die Gemüsebrühe in die Pfanne, bringen Sie die Mischung zum Köcheln und lassen Sie sie etwa 10 Minuten lang kochen, bis sie beginnt, leicht einzudicken.

4 Nehmen Sie eine Auflaufform und schichten Sie die Hälfte der Kartoffelscheiben als Basis. Verteilen Sie die Pilz-Gemüse-Mischung gleichmäßig darüber und bedecken Sie diese mit der zweiten Hälfte der Kartoffelscheiben.

5 Geben Sie die Moussaka in den vorgeheizten Ofen und backen Sie sie für etwa 40 Minuten. Die Moussaka ist fertig, wenn die Kartoffeln weich sind und die Oberfläche schön gebräunt aussieht.

6 Um das Gericht abzurunden, bestreuen Sie die fertig gebackene Moussaka mit frisch gehackter Petersilie.

ZELENCHUKOVA YAHNIYA | GEMÜSEEINTOPF

 6 Port.

 50 Min.

 Leicht

Zutaten

2 große Kartoffeln, gewürfelt
1 große Zucchini, gewürfelt
2 Karotten, in Scheiben geschnitten
1 Paprika, gewürfelt
1 Zwiebel, gehackt
3 Tomaten, gewürfelt
2 Knoblauchzehen, fein gehackt
1 Liter Gemüsebrühe
2 EL Olivenöl
1 TL getrockneter Thymian
Salz und schwarzer Pfeffer nach Geschmack
Frische Petersilie, gehackt, zum Garnieren

Nährwerte p. P.

180 kcal
25 g Kohlenhydrate
7 g Fett
5 g Eiweiß

1 Erwärmen Sie das Olivenöl in einem großen Topf über mittlerer Hitze. Geben Sie die gehackte Zwiebel und den Knoblauch in den Topf und dünsten Sie sie, bis sie weich und leicht goldbraun sind.

2 Fügen Sie die gewürfelten Kartoffeln, Karotten und Paprika hinzu und braten Sie alles für etwa 5 Minuten, damit die Aromen sich entfalten können.

3 Geben Sie die Zucchini und Tomaten dazu und rühren Sie gut um.

4 Gießen Sie die Gemüsebrühe über das Gemüse und bringen Sie den Eintopf zum Köcheln.

5 Würzen Sie mit Thymian, Salz und schwarzem Pfeffer.

6 Lassen Sie den Eintopf ohne Deckel etwa 30 Minuten köcheln, bis das Gemüse weich und die Flüssigkeit etwas eingedickt ist.

7 Streuen Sie frische Petersilie über den fertigen Eintopf, kurz bevor Sie ihn servieren.

ORIZ S GABI |

REIS MIT PILZEN

4 Port.

35 Min.

Leicht

Zutaten

200 g Basmatireis
300 g frische Champignons, in Scheiben geschnitten
1 große Zwiebel, fein gewürfelt
2 Knoblauchzehen, fein gehackt
600 ml Gemüsebrühe
2 EL Olivenöl
1 TL getrockneter Thymian
Salz und frisch gemahlener schwarzer Pfeffer

Nährwerte p. P.

250 kcal
45 g Kohlenhydrate
5 g Fett
8 g Eiweiß

1 Erhitzen Sie das Olivenöl in einem tiefen Topf oder einer Pfanne auf mittlerer Stufe. Dünsten Sie die Zwiebel und den Knoblauch in dem heißen Öl, bis sie glasig sind.

2 Fügen Sie die Pilzscheiben hinzu und braten Sie sie, bis sie anfangen, goldbraun zu werden.

3 Geben Sie den Reis dazu und rühren Sie ihn unter, damit er sich mit den Aromen der Pilze und Zwiebeln vollsaugen kann.

4 Gießen Sie die Gemüsebrühe dazu und würzen Sie das Ganze mit Thymian sowie 1 Prise Salz und Pfeffer.

5 Erhöhen Sie die Hitze, bis die Brühe zu kochen beginnt, reduzieren Sie dann die Hitze und decken Sie den Topf ab.

6 Lassen Sie den Reis 20 Minuten lang köcheln, bis er die Flüssigkeit aufgenommen hat und zart ist.

7 Rühren Sie den Reis vor dem Servieren einmal um und prüfen Sie die Würzung. Justieren Sie nach, falls nötig.

Fingerfood & Snacks

BULGARSKI KARTOFENI KIUFTETA |

BULGARISCHE KARTOFFELBÄLLCHEN

4 Port.

50 Min.

Mittel

Zutaten

600 g Kartoffeln, geschält und gewürfelt
1 mittelgroße Zwiebel, fein gehackt
2 Knoblauchzehen, fein gehackt
2 EL frische Petersilie, gehackt
100 g Semmelbrösel
2 EL Mehl
Salz und frisch gemahlener schwarzer Pfeffer
Sonnenblumenöl zum Braten

Nährwerte p. P.

210 kcal
38 g Kohlenhydrate
4 g Fett
5 g Eiweiß

1 Kochen Sie die Kartoffeln in einem Topf mit gesalzenem Wasser, bis sie weich sind, etwa 15 bis 20 Minuten.

2 Drainieren Sie die Kartoffeln gut und zerstampfen Sie sie zu einem feinen Püree.

3 Vermischen Sie das Kartoffelpüree in einer großen Schüssel mit der gehackten Zwiebel, dem Knoblauch und der Petersilie.

4 Fügen Sie Mehl und Semmelbrösel hinzu und würzen Sie die Masse mit Salz und Pfeffer. Mischen Sie alles gründlich, bis eine formbare Masse entsteht.

5 Formen Sie aus der Masse kleine Bällchen.

6 Erhitzen Sie eine ausreichende Menge Sonnenblumenöl in einer tiefen Pfanne über mittlerer Hitze.

7 Braten Sie die Kartoffelbällchen in Portionen, bis sie rundum goldbraun und knusprig sind. Dies dauert jeweils etwa 4 bis 5 Minuten.

8 Legen Sie die fertigen Kartoffelbällchen auf Küchenpapier, um überschüssiges Öl aufzusaugen.

9 Servieren Sie die Kartoffelbällchen mit einem frischen, knackigen Salat oder einer Dip-Soße Ihrer Wahl.

TOPCHETA OT TIKVICHKI | ZUCCHINI-BÄLLCHEN

 4 Port.
 40 Min.
 Leicht

Zutaten

2 mittelgroße Zucchini, grob gerieben
1 kleine Zwiebel, fein gehackt
2 Knoblauchzehen, fein gehackt
100 g Semmelbrösel
50 g Mehl
2 EL frische Petersilie, gehackt
1 TL getrockneter Dill
Salz und frisch gemahlener schwarzer Pfeffer
Olivenöl zum Braten

Optional:
Joghurt-Dip oder Zaziki-Soße

Nährwerte p. P.

150 kcal
18 g Kohlenhydrate
7 g Fett
5 g Eiweiß

1 Drücken Sie die geriebene Zucchini in einem sauberen Tuch aus, um überschüssige Flüssigkeit zu entfernen.

2 Vermischen Sie in einer großen Schüssel die ausgedrückte Zucchini mit Zwiebel, Knoblauch, Semmelbröseln, Mehl, Petersilie und Dill.

3 Würzen Sie die Mischung mit Salz und Pfeffer und rühren Sie alles gut um, bis eine homogene Masse entsteht.

4 Formen Sie aus der Mischung kleine Bällchen.

5 Erhitzen Sie etwas Olivenöl in einer Pfanne über mittlerer Hitze. Braten Sie die Zucchini-Bällchen in Chargen, bis sie rundum goldbraun und durchgegart sind, etwa 4 bis 5 Minuten pro Seite.

6 Legen Sie die fertigen Bällchen auf Küchenpapier, um überschüssiges Öl aufzusaugen.

7 Sie können die Zucchini-Bällchen mit einem frischen Joghurt-Dip oder Ihrer Lieblings-Zaziki-Soße servieren.

KARA BOCEK |

SCHWARZER BOHNEN-SNACK

4 Port.

1 Std. 10 Min.

Leicht

Zutaten

400 g schwarze Bohnen, über Nacht eingeweicht und abgespült
2 EL Olivenöl
1 TL Paprikapulver
½ TL Kreuzkümmel
¼ TL Cayennepfeffer
Salz und frisch gemahlener schwarzer Pfeffer
Frische Petersilie, fein gehackt, zum Garnieren

Nährwerte p. P.

200 kcal
30 g Kohlenhydrate
4 g Fett
12 g Eiweiß

1 Kochen Sie die eingeweichten schwarzen Bohnen in einem großen Topf mit frischem Wasser, bis sie weich sind, etwa 60 Minuten. Achten Sie darauf, dass die Bohnen während des Kochens vollständig mit Wasser bedeckt sind. Drainieren Sie die Bohnen und lassen Sie sie abkühlen.

2 Heizen Sie Ihren Ofen auf 200 °C (Ober-/Unterhitze) vor.

3 Geben Sie die gekochten Bohnen in eine große Schüssel. Beträufeln Sie sie mit Olivenöl und bestreuen Sie sie mit Paprikapulver, Kreuzkümmel, Cayennepfeffer sowie Salz und Pfeffer.

4 Mischen Sie alles gründlich, sodass die Gewürze gleichmäßig verteilt sind.

5 Breiten Sie die Bohnen auf einem mit Backpapier ausgelegten Backblech aus.

6 Rösten Sie die Bohnen im vorgeheizten Ofen für 20 bis 25 Minuten oder bis sie knusprig sind. Schütteln Sie das Blech gelegentlich, um ein gleichmäßiges Rösten zu gewährleisten.

7 Nehmen Sie die Bohnen aus dem Ofen und lassen Sie sie vor dem Servieren etwas abkühlen.

8 Garnieren Sie sie anschließend mit frischer Petersilie.

MARINOVANI GABI |

MARINIERTE PILZE

4 Port.

25 Min.

Leicht

Zutaten

500 g frische Champignons, geputzt und halbiert
3 EL Olivenöl
2 EL Weißweinessig
2 Knoblauchzehen, fein gehackt
1 TL getrockneter Thymian
½ TL getrockneter Rosmarin
1 kleine rote Chili, entkernt und fein gehackt
Salz und frisch gemahlener schwarzer Pfeffer

Nährwerte p. P.

110 kcal
10 g Kohlenhydrate
7 g Fett
4 g Eiweiß

1 Erhitzen Sie das Olivenöl in einer großen Pfanne über mittlerer Hitze. Braten Sie die Champignons etwa 5 bis 7 Minuten lang an, bis sie goldbraun und weich sind.

2 Geben Sie den Knoblauch und die Chili hinzu, rühren Sie um und kochen Sie alles 2 Minuten lang.

3 Reduzieren Sie die Hitze, fügen Sie den Weißweinessig hinzu und streuen Sie Thymian und Rosmarin über die Pilze.

4 Kochen Sie die Mischung 5 Minuten lang, um die Aromen zu entfalten.

5 Nehmen Sie die Pfanne vom Herd und erlauben Sie den Pilzen, in der Marinade abzukühlen.

6 Würzen Sie die abgekühlten Pilze mit Salz und Pfeffer und überführen Sie sie in ein sauberes Glas oder eine Schüssel.

7 Marinieren Sie die Pilze für mindestens 2 Stunden, idealerweise über Nacht, im Kühlschrank, damit die Aromen sich voll entfalten können.

ELENSKI BUT |

ELENSKI-SCHINKEN

10 Port.

3 Mon.

Schwer

Zutaten

1 ganzes Hinterschinkenstück vom Schwein, etwa 5 - 7 kg
250 g Salz
50 g Zucker
10 g gepresster Knoblauch
5 g schwarzer Pfeffer, grob gemahlen
5 g Wacholderbeeren, zerstoßen
Zusätzliche Kräuter nach Belieben (optional, z. B. Thymian, Rosmarin)

Nährwerte p. P.

250 kcal
0 g Kohlenhydrate
18 g Fett
22 g Eiweiß

1 Reinigen Sie das Schinkenstück gründlich und trocknen Sie es ab.

2 Mischen Sie Salz, Zucker, Knoblauch, schwarzen Pfeffer und Wacholderbeeren in einer großen Schüssel. Fügen Sie bei Bedarf weitere Kräuter hinzu.

3 Reiben Sie die Gewürzmischung gründlich in den Schinken ein. Achten Sie darauf, dass die gesamte Oberfläche gleichmäßig bedeckt ist.

4 Platzieren Sie den Schinken in einem großen, sauberen Behälter. Bedecken Sie ihn mit einem sauberen Tuch und lassen Sie ihn bei kontrollierter Temperatur (ca. 2 bis 4 °C) und Luftfeuchtigkeit (ca. 75 bis 80 %) für etwa 3 Wochen ruhen.

5 Wenden Sie den Schinken wöchentlich, um eine gleichmäßige Salzverteilung zu gewährleisten.

6 Hängen Sie den Schinken nach 3 Wochen in einem gut belüfteten Raum auf, wo die Temperatur und Luftfeuchtigkeit konstant gehalten werden können. Lassen Sie den Schinken dort für mindestens 3 Monate reifen, bis er vollständig durchgetrocknet ist.

7 Prüfen Sie die Reife durch leichtes Drücken auf den Schinken; er sollte fest sein und eine gleichmäßige Konsistenz aufweisen.

LUKANKA |

BULGARISCHE WURSTSCHEIBEN

10 Port.

2 Mon.

Schwer

Zutaten

1 kg Rindfleisch, fein gemahlen
500 g Schweinefleisch, fein gemahlen
25 g Salz
5 g schwarzer Pfeffer, gemahlen
5 g Kümmel, gemahlen
2 g Salpeter (Konservierungsmittel)
50 ml Rotwein
3 Knoblauchzehen, gepresst
Naturdärme für die Wurstherstellung

Nährwerte p. P.

300 kcal
1 g Kohlenhydrate
25 g Fett
18 g Eiweiß

1 Mischen Sie Rind- und Schweinefleisch gründlich in einer großen Schüssel.

2 Geben Sie Salz, schwarzen Pfeffer, Kümmel, Salpeter, Rotwein und gepressten Knoblauch hinzu.

3 Kneten Sie die Mischung energisch, bis die Gewürze gleichmäßig verteilt sind und die Masse klebrig wird.

4 Füllen Sie die Fleischmasse in die vorbereiteten Naturdärme. Binden Sie die Enden fest zu, um die Wurstformen zu sichern.

5 Hängen Sie die Würste in einem kühlen, trockenen und gut belüfteten Raum auf. Die Reifung erfolgt bei einer konstanten Temperatur von etwa 12 bis 15 °C und einer relativen Luftfeuchtigkeit von 70 bis 75 %.

6 Reifen Sie die Würste 2 Monate oder länger, bis sie fest und trocken sind.

7 Drehen Sie die Würste gelegentlich, um eine gleichmäßige Trocknung zu gewährleisten.

Desserts

GARASH TORTA |

GARASH-TORTE

8 Port.

1,5 Std.

Mittel

Zutaten

200 g dunkle Schokolade, fein gehackt
6 große Eier, getrennt
150 g feiner Zucker
1 TL Vanilleextrakt
150 g gemahlene Walnüsse
30 g Kakaopulver zum Bestäuben

Für die Schokoladenganache:
200 g dunkle Schokolade, fein gehackt
200 ml Sahne

Nährwerte p. P.

400 kcal
45 g Kohlenhydrate
25 g Fett
5 g Eiweiß

1 Heizen Sie Ihren Ofen auf 175 °C (Ober-/Unterhitze) vor. Fetten Sie zwei 22 cm-Springformen ein und legen Sie sie mit Backpapier aus. Schmelzen Sie 200 g Schokolade über einem Wasserbad und rühren Sie, bis sie glatt ist. Nehmen Sie die Schokolade vom Wasserbad und lassen Sie sie etwas abkühlen.

2 Schlagen Sie Eigelb und Zucker in einer großen Schüssel, bis die Mischung hell und cremig ist. Fügen Sie Vanilleextrakt hinzu. Mischen Sie die abgekühlte geschmolzene Schokolade unter die Eigelbmischung. Geben Sie vorsichtig die gemahlenen Walnüsse ein.

3 Schlagen Sie in einer separaten Schüssel die Eiweiße zu steifem Schnee. Heben Sie den Eischnee vorsichtig unter die Schokoladenmischung, bis keine weißen Streifen mehr sichtbar sind. Verteilen Sie die Masse gleichmäßig auf die vorbereiteten Formen. Backen Sie die Böden 25 bis 30 Minuten, bis sie fest sind.

4 Bereiten Sie die Ganache vor, indem Sie Sahne in einem Topf zum Kochen bringen. Gießen Sie die heiße Sahne über die 200 g gehackte Schokolade und rühren Sie, bis die Mischung glatt ist. Kühlen Sie die Ganache ab, bis sie streichfähig ist.

5 Nehmen Sie die Kuchenböden aus dem Ofen und lassen Sie sie in den Formen abkühlen. Entfernen Sie die Böden aus den Formen und schneiden Sie die Oberseite ab, um sie zu glätten, falls nötig.

6 Bestreichen Sie einen Boden mit der Hälfte der Ganache. Legen Sie den zweiten Boden darauf und bestreichen Sie die Oberseite und die Seiten mit der restlichen Ganache. Bestäuben Sie die Torte vor dem Servieren mit Kakaopulver.

BAKLAVA MIT NÜSSEN

12 Port.

1 Std.
20 Min.

Mittel

Zutaten

250 g ungesalzene Butter
200 g Walnüsse, fein gehackt
100 g Pistazien, fein gehackt
2 EL Zucker
1 TL Zimt
20 Blätter Filoteig
200 ml Wasser
150 g Zucker
1 EL Zitronensaft
2 EL Honig

Nährwerte p. P.

300 kcal
30 g Kohlenhydrate
20 g Fett
4 g Eiweiß

1 Stellen Sie Ihren Ofen auf 160 °C (Ober-/Unterhitze) ein. Schmelzen Sie die Butter in einem kleinen Topf.

2 Kombinieren Sie in einer Schüssel die gehackten Walnüsse und Pistazien mit Zucker und Zimt. Pinseln Sie eine rechteckige Backform (etwa 20 x 30 cm) mit etwas geschmolzener Butter ein.

3 Legen Sie ein Blatt Filoteig in die Form und pinseln Sie es mit Butter ein. Wiederholen Sie diesen Vorgang, bis Sie 10 Schichten gelegt haben.

4 Verteilen Sie die Nussmischung gleichmäßig über die oberste Filoteigschicht. Decken Sie die Nussmischung mit weiteren 10 Schichten Filoteig ab, wobei Sie jede Schicht erneut mit Butter bestreichen.

5 Schneiden Sie die Baklava mit einem scharfen Messer in Rauten oder Quadrate, bevor Sie sie backen. Backen Sie die Baklava 50 Minuten lang oder bis sie goldbraun und knusprig ist.

6 Während die Baklava bäckt, bereiten Sie den Sirup vor. Kochen Sie Wasser und Zucker in einem Topf, bis der Zucker sich aufgelöst hat. Fügen Sie Zitronensaft hinzu und lassen Sie den Sirup 10 Minuten köcheln. Nehmen Sie den Sirup vom Herd und rühren Sie den Honig ein.

7 Gießen Sie den heißen Sirup über die heiße Baklava, sobald sie aus dem Ofen kommt.

8 Erlauben Sie der Baklava, den Sirup vollständig aufzusaugen und abzukühlen, bevor Sie sie servieren.

KAZANLAK PONICHKI |

KAZANLAK-KRAPFEN

12 Port.

1 Std. 15 Min.

Mittel

Zutaten

500 g Mehl
250 ml Milch, leicht erwärmt
50 g Zucker
1 Päckchen Trockenhefe
2 Eier, leicht verquirlt
50 g Butter, geschmolzen
1 TL Vanilleextrakt
1 Prise Salz
Pflanzenöl zum Frittieren
Zusätzlicher Zucker zum Bestreuen

Nährwerte p. P.

250 kcal
35 g Kohlenhydrate
10 g Fett
5 g Eiweiß

1 Vermischen Sie in einer großen Schüssel das Mehl, Zucker, Salz und Trockenhefe. Fügen Sie die erwärmte Milch, verquirlte Eier, geschmolzene Butter und Vanilleextrakt hinzu.

2 Kneten Sie die Mischung zu einem glatten, elastischen Teig, etwa 10 Minuten lang.

3 Formen Sie eine Kugel aus dem Teig und legen Sie diese in eine leicht geölte Schüssel. Decken Sie die Schüssel mit einem Tuch ab und lassen Sie den Teig an einem warmen Ort 45 Minuten gehen, bis er sein Volumen verdoppelt hat.

4 Kneten Sie den aufgegangenen Teig leicht durch und teilen Sie ihn in 12 gleich große Stücke. Formen Sie jedes Stück zu einer Kugel.

5 Heizen Sie ausreichend Pflanzenöl in einem tiefen Topf auf 180 °C.

6 Frittieren Sie die Teigkugeln in Chargen, bis sie goldbraun und durchgebacken sind, jeweils etwa 3 bis 4 Minuten pro Seite.

7 Nehmen Sie die Krapfen mit einer Schaumkelle aus dem Öl und legen Sie sie auf Küchenpapier, um überschüssiges Fett abtropfen zu lassen.

8 Wälzen Sie die noch warmen Krapfen in Zucker.

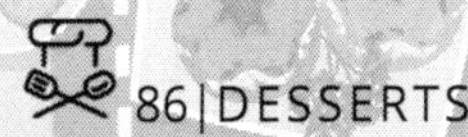

TOLUMBI |

FRITTIERTE SÜẞE TEIGBÄLLCHEN

20 Port.

45 Min.

Leicht

Zutaten

250 g Mehl
50 g Zucker
1 Päckchen Trockenhefe
1 Prise Salz
150 ml warme Milch
2 EL geschmolzene Butter
1 Ei, geschlagen
Pflanzenöl zum Frittieren
Puderzucker zum Bestäuben

Nährwerte p. P.

220 kcal
28 g Kohlenhydrate
10 g Fett
3 g Eiweiß

1 Vermischen Sie Mehl, Zucker, Trockenhefe und Salz in einer großen Schüssel.

2 Gießen Sie die warme Milch und das geschlagene Ei dazu und rühren Sie, bis alles gut vermischt ist.

3 Fügen Sie die geschmolzene Butter hinzu und kneten Sie den Teig, bis er glatt und elastisch ist, etwa 5 Minuten.

4 Formen Sie kleine, gleichmäßige Teigbällchen aus der Teigmasse.

5 Heizen Sie in einem tiefen Topf ausreichend Pflanzenöl auf 180 °C.

6 Frittieren Sie die Teigbällchen in Chargen, bis sie rundum goldbraun sind, jeweils etwa 3 Minuten.

7 Holen Sie die Teigbällchen mit einer Schaumkelle aus dem Öl und legen Sie sie auf Küchenpapier, um überschüssiges Fett aufzunehmen.

8 Bestäuben Sie die noch warmen Tolumbi mit Puderzucker.

ORIZ PUDING |

REISPUDDING

6 Port.

1 Std.

Leicht

Zutaten

150 g Rundkornreis
800 ml Milch
50 g Zucker
1 Vanilleschote, längs aufgeschnitten
1 Zimtstange
1 Prise Salz
Abgeriebene Schale einer halben Zitrone
30 g Butter
Zimtpulver zum Bestreuen

Nährwerte p. P.

200 kcal
35 g Kohlenhydrate
3 g Fett
5 g Eiweiß

1 Spülen Sie den Reis unter kaltem Wasser ab, bis das Wasser klar bleibt.

2 Geben Sie den Reis, Milch, Zucker, die aufgeschnittene Vanilleschote, Zimtstange, Zitronenschale und 1 Prise Salz in einen großen, schweren Topf. Erwärmen Sie die Mischung bei mittlerer Hitze, bis sie zu köcheln beginnt.

3 Reduzieren Sie die Hitze auf niedrig und köcheln Sie den Reis, rühren Sie gelegentlich, bis der Reis weich ist und die Milch größtenteils aufgesogen hat, etwa 40 Minuten.

4 Entfernen Sie die Vanilleschote und Zimtstange. Rühren Sie die Butter in den heißen Reispudding ein, bis sie vollständig eingearbeitet ist.

5 Füllen Sie den Reispudding in Servierschalen. Stellen Sie die Reispudding-Schalen in den Kühlschrank, bis sie kalt sind.

6 Bestreuen Sie den gekühlten Reispudding vor dem Servieren mit Zimtpulver.

SUTLYASH |

MILCHREIS MIT ROSINEN

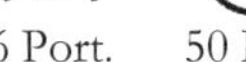

6 Port. 50 Min. Leicht

Zutaten

150 g Rundkornreis
1 Liter Milch
100 g Zucker
50 g Rosinen
1 TL Vanilleextrakt
1 Prise Salz
Zimtpulver zum Bestreuen

Optional:
gehackte Nüsse zur Garnierung

Nährwerte p. P.

210 kcal
40 g Kohlenhydrate
3 g Fett
5 g Eiweiß

1 Waschen Sie den Reis unter kaltem Wasser, bis das Wasser klar durchläuft. Kochen Sie den Reis in einem großen Topf mit ausreichend Wasser, bis er gerade weich wird, etwa 10 Minuten. Gießen Sie das Wasser ab.

2 Geben Sie den vorgekochten Reis, Milch, Zucker und 1 Prise Salz in denselben Topf. Kochen Sie diese Mischung auf mittlerer Hitze, rühren Sie häufig, bis die Milch aufgekocht und der Reis vollständig weich ist, etwa 25 Minuten.

3 Fügen Sie die Rosinen und den Vanilleextrakt hinzu. Rühren Sie weiter und kochen Sie alles für weitere 5 Minuten.

4 Füllen Sie den fertigen Milchreis in Servierschalen. Kühlen Sie den Milchreis ab, bevor Sie ihn servieren.

5 Bestreuen Sie jeden Milchreis vor dem Servieren mit Zimtpulver und, falls verwendet, garnieren Sie mit gehackten Nüssen.

Getränke

AYRAN |

GESALZENES JOGHURTGETRÄNK

4 Port.

5 Min.

Leicht

Zutaten

500 ml Naturjoghurt
250 ml kaltes Wasser
½ TL Salz

Optional:
1 Prise getrocknete Minze oder frische Minzblätter

Nährwerte p. P.

70 kcal
6 g Kohlenhydrate
4 g Fett
3 g Eiweiß

1 Geben Sie den Naturjoghurt in einen Mixer. Fügen Sie kaltes Wasser und Salz hinzu.

2 Mixen Sie alles auf hoher Stufe für etwa 1 Minute, bis das Getränk schaumig und gut vermischt ist.

3 Falls gewünscht, fügen Sie 1 Prise getrocknete Minze hinzu oder garnieren Sie mit frischen Minzblättern.

4 Schütten Sie den Ayran in Gläser und servieren Sie ihn sofort, um seine Frische zu bewahren.

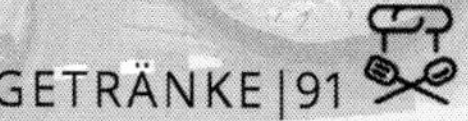

BOZA |

FERMENTIERTES GETRÄNK AUS HIRSE

 6 Port.  2 Tage  Mittel

Zutaten

250 g Hirse
1 Liter Wasser
200 g Zucker
1 TL Backhefe

Nährwerte p. P.

120 kcal
25 g Kohlenhydrate
1 g Fett
3 g Eiweiß

1 Spülen Sie die Hirse gründlich unter fließendem kalten Wasser. Kochen Sie die Hirse in 1 Liter Wasser, bis sie vollständig weich ist, was etwa 20 Minuten dauern kann.

2 Pürieren Sie die gekochte Hirse im Kochwasser mit einem Stabmixer zu einem glatten Brei. Kühlen Sie die Hirsebrei-Mischung auf etwa 30 °C ab.

3 Streuen Sie die Backhefe über die abgekühlte Mischung und rühren Sie diese ein.

4 Fügen Sie den Zucker hinzu und rühren Sie, bis er sich vollständig aufgelöst hat.

5 Decken Sie den Behälter mit einem Tuch ab und stellen Sie ihn an einen warmen Ort, um die Mischung für 24 bis 48 Stunden fermentieren zu lassen. Die genaue Zeit hängt von der Raumtemperatur ab und davon, wie aktiv die Fermentation ist.

6 Rühren Sie die Mischung mehrmals während der ersten 24 Stunden, um die Fermentation zu unterstützen.

7 Nachdem die Boza fermentiert ist und eine leicht säuerliche Note angenommen hat, kühlen Sie sie, um die Fermentation zu stoppen.

8 Servieren Sie Boza gekühlt.

SALEP |

HEIßES GETRÄNK AUS SALEP-MEHL

4 Port.

15 Min.

Leicht

Zutaten

2 TL Salep-Mehl
1 Liter Milch
4 EL Zucker
½ TL gemahlener Zimt

Optional:
Rosenwasser für zusätzliches Aroma

Nährwerte p. P.

180 kcal
30 g Kohlenhydrate
5 g Fett
7 g Eiweiß

1 Geben Sie Milch in einen Topf und erhitzen Sie diese auf mittlerer Stufe, bis sie warm ist.

2 Rühren Sie das Salep-Mehl und den Zucker in die warme Milch ein.

3 Kochen Sie die Mischung unter ständigem Rühren, bis sie anfängt einzudicken und eine cremige Konsistenz erreicht. Dies dauert etwa 10 Minuten.

4 Nehmen Sie den Topf vom Herd und rühren Sie, falls verwendet, ein wenig Rosenwasser ein.

5 Gießen Sie den heißen Salep in Tassen und bestreuen Sie jede Portion mit etwas gemahlenem Zimt.

MURSALSKI CHAI |

KRÄUTERTEE AUS DEM RHODOPENGEBIRGE

 4 Port.  15 Min.  Leicht

Zutaten

4 TL getrocknete Mursalski-Kräuter (auch als bulgarischer Bergtee bekannt)
1 Liter kochendes Wasser

Optional:
Honig oder Zitrone zum Süßen oder Verfeinern

Nährwerte p. P.

0 kcal
0 g Kohlenhydrate
0 g Fett
0 g Eiweiß

1 Erhitzen Sie Wasser in einem Wasserkocher oder einem Topf, bis es vollständig kocht.

2 Geben Sie die getrockneten Mursalski-Kräuter in eine Teekanne. Übergießen Sie die Kräuter mit dem kochenden Wasser.

3 Decken Sie die Teekanne ab und lassen Sie den Tee 10 Minuten ziehen, damit sich die Aromen und heilenden Eigenschaften der Kräuter entfalten können.

4 Seihen Sie den Tee in Tassen oder Gläser ab.

5 Servieren Sie den Tee heiß. Falls gewünscht, süßen Sie ihn mit Honig oder geben Sie eine Scheibe Zitrone dazu.

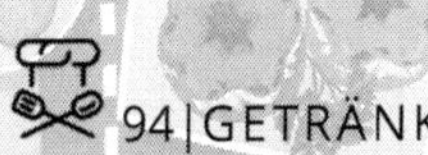

KOMPOT |

FRUCHTKOMPOTT

6 Port.

30 Min.

Leicht

Zutaten

500 g frische Früchte (Äpfel, Birnen, Pflaumen, Kirschen oder eine Mischung), ent-kernt und in Stücke geschnitten
1 Liter Wasser
100 g Zucker
1 Zimtstange
2 Gewürznelken
Schale einer halben Zitrone

Nährwerte p. P.

120 kcal
30 g Kohlenhydrate
0 g Fett
1 g Eiweiß

1 Geben Sie Wasser in einen großen Topf und bringen Sie es zum Kochen. Fügen Sie Zucker, Zimtstange, Gewürznelken und Zitronenschale hinzu.

2 Rühren Sie, bis der Zucker sich vollständig aufgelöst hat.

3 Fügen Sie die geschnittenen Früchte in den kochenden Sirup und reduzieren Sie die Hitze.

4 Kochen Sie die Früchte 15 bis 20 Minuten lang, bis sie weich sind, aber nicht auseinanderfallen.

5 Nehmen Sie den Topf vom Herd und entfernen Sie die Zimtstange, Gewürznelken und Zitronenschale.

6 Füllen Sie das Kompott in eine große Schüssel oder einzelne Portionsschüsseln.

7 Das Kompott kann warm oder gekühlt serviert werden.

Soßen, Cremes & Dips

LYUTENITSA |

PAPRIKA-TOMATEN-DIP

8 Port. 1,5 Std. Mittel

Zutaten

4 rote Paprika, entkernt und grob gehackt
4 Tomaten, gehäutet und grob gehackt
2 Karotten, geschält und fein gerieben
1 große Zwiebel, gehackt
2 Knoblauchzehen, fein gehackt
100 ml Sonnenblumenöl
1 TL Salz
½ TL schwarzer Pfeffer
1 TL Paprikapulver

Optional:
1 kleine Chilischote, entkernt und fein gehackt für zusätzliche Schärfe

Nährwerte p. P.

80 kcal
10 g Kohlenhydrate
4 g Fett
2 g Eiweiß

1 Erhitzen Sie Sonnenblumenöl in einem großen Topf über mittlerer Hitze. Braten Sie die Zwiebel und den Knoblauch an, bis sie weich und durchsichtig sind, etwa 5 Minuten.

2 Fügen Sie die Paprika und Karotten hinzu, braten Sie alles zusammen weitere 5 Minuten. Geben Sie die Tomaten und Chilischote hinzu, falls verwendet.

3 Würzen Sie das Gemüse mit Salz, Pfeffer und Paprikapulver.

4 Kochen Sie die Mischung bei niedriger Hitze unter gelegentlichem Rühren etwa 1 Stunde lang, bis die Flüssigkeit reduziert ist und die Masse dickflüssig wird.

5 Pürieren Sie die Mischung mit einem Stabmixer direkt im Topf oder in einem Standmixer, bis sie die gewünschte Konsistenz erreicht hat.

6 Füllen Sie die heiße Lyutenitsa in sterilisierte Gläser, verschließen Sie sie fest und lassen Sie sie abkühlen.

7 Servieren Sie Lyutenitsa als herzhaften Dip, Brotaufstrich oder als Beilage zu gegrilltem Fleisch und anderen Gerichten.

SNEZHANKA |

JOGHURT-DIP MIT GURKEN UND DILL

 6 Port.  15 Min.  Leicht

Zutaten

500 g dicker bulgarischer Joghurt oder griechischer Joghurt
1 große Gurke, geschält, entkernt und fein gerieben
2 Knoblauchzehen, fein gehackt
2 EL frischer Dill, fein gehackt
1 EL Olivenöl
Salz und schwarzer Pfeffer nach Geschmack

Optional:
Walnüsse, grob gehackt, zum Garnieren

Nährwerte p. P.

70 kcal
6 g Kohlenhydrate
4 g Fett
3 g Eiweiß

1 Drücken Sie die geriebene Gurke in einem sauberen Tuch aus, um überschüssiges Wasser zu entfernen.

2 Vermischen Sie den Joghurt in einer mittelgroßen Schüssel mit dem Knoblauch, Dill und Olivenöl.

3 Rühren Sie die ausgedrückte Gurke unter und würzen Sie den Dip mit Salz und Pfeffer.

4 Mischen Sie alle Zutaten gründlich, bis eine gleichmäßige Konsistenz erreicht ist.

5 Kühlen Sie den Dip für mindestens 1 Stunde im Kühlschrank, damit sich die Aromen vollständig entwickeln können.

6 Bestreuen Sie den Dip kurz vor dem Servieren mit gehackten Walnüssen, falls Sie das möchten.

KATINO MEZE |

SCHARFE PAPRIKACREME

4 Port.

30 Min.

Leicht

Zutaten

4 rote Paprika, entkernt und grob gehackt
2 scharfe Chilischoten, entkernt und fein gehackt
2 Knoblauchzehen, fein gehackt
2 EL Olivenöl
1 TL Essig
1 TL Paprikapulver
Salz nach Geschmack

1 Erhitzen Sie das Olivenöl in einer Pfanne über mittlerer Hitze.

2 Braten Sie die gehackten Paprika, Chilischoten und Knoblauchzehen an, bis sie weich sind, etwa 10 Minuten.

3 Geben Sie das Gemüse zusammen mit Essig, Paprikapulver und 1 Prise Salz in einen Mixer.

4 Pürieren Sie die Mischung, bis eine glatte Creme entsteht.

5 Überprüfen Sie den Geschmack und passen Sie das Salz nach Bedarf an. Füllen Sie die Paprikacreme in eine Servierschale.

Nährwerte p. P.

80 kcal
10 g Kohlenhydrate
4 g Fett
2 g Eiweiß

KISELO MLYAKO S CHESUN |

JOGHURT MIT KNOBLAUCH

4 Port.

10 Min.

Leicht

Zutaten

500 g dicker Naturjoghurt
3 Knoblauchzehen, fein gehackt
2 EL Olivenöl
Salz nach Geschmack
Frische Kräuter wie Dill oder Petersilie, fein gehackt, zum Garnieren

Nährwerte p. P.

90 kcal
6 g Kohlenhydrate
5 g Fett
5 g Eiweiß

1 Geben Sie den Joghurt in eine mittelgroße Schüssel. Fügen Sie den fein gehackten Knoblauch, Olivenöl und 1 Prise Salz hinzu.

2 Rühren Sie die Mischung gründlich um, bis alle Zutaten gut vermischt sind.

3 Schmecken Sie den Joghurt ab und passen Sie das Salz nach Bedarf an.

4 Garnieren Sie den Joghurt vor dem Servieren mit frischen Kräutern.

CHUBRITSA |

GETROCKNETE KRÄUTERMISCHUNG ALS GEWÜRZDIP

5 Port.

5 Min.

Leicht

Zutaten

2 EL getrocknetes Sommerbohnenkraut
1 EL getrockneter Thymian
1 EL getrockneter Majoran
1 TL Salz
½ TL gemahlener schwarzer Pfeffer

Optional:
½ TL gemahlenes rotes Paprikapulver für eine pikante Note

Nährwerte p. P.

5 kcal
1 g Kohlenhydrate
0 g Fett
0 g Eiweiß

1 Vermischen Sie das Sommerbohnenkraut, Thymian und Majoran in einer kleinen Schüssel. Fügen Sie Salz, schwarzen Pfeffer und optional das rote Paprikapulver hinzu.

2 Rühren Sie alles gründlich um, bis die Zutaten gleichmäßig verteilt sind.

3 Füllen Sie die Gewürzmischung in ein luftdichtes Gefäß, um sie frisch zu halten.

4 Genießen Sie Chubritsa als Gewürzdip, indem Sie die Mischung mit Olivenöl kombinieren und dazu frisches Brot reichen.